知行

STEP INTO PRACTICE

经济汉语系列教材

JINGJI HANYU XILIE JIAOCAI

总 主 编：翟宜疆

副总主编：段 沫

本册编者：徐新颜

商务汉语听说教程

SHANGWU HANYU TINGSHUO JIAOCHENG

北京语言大学出版社

BEIJING LANGUAGE AND CULTURE UNIVERSITY PRESS

图书在版编目（CIP）数据

商务汉语听说教程 / 翟宜疆总主编 ; 徐新颜编. 北京 : 北京语言大学出版社, 2024. 8. -- (知行 : 经济汉语系列教材). -- ISBN 978-7-5619-6591-7

Ⅰ. H195.4

中国国家版本馆 CIP 数据核字第 2024L6T926 号

商务汉语听说教程

SHANGWU HANYU TINGSHUO JIAOCHENG

排版制作：北京创艺涵文化发展有限公司
责任印制：周燚

出版发行：北京语言大学出版社
社　　址：北京市海淀区学院路15号，100083
网　　址：www.blcup.com
电子信箱：service@blcup.com
电　　话：编 辑 部　8610-82303390
国内发行　8610-82303650/3591/3648
海外发行　8610-82303365/3080/3668
北语书店　8610-82303653
网购咨询　8610-82303908
印　　刷：北京联兴盛业印刷股份有限公司

版　　次：2024年8月第1版　　印　　次：2024年8月第1次印刷
开　　本：889毫米 × 1194毫米　1/16　　印　　张：10.75
字　　数：161千字　　定　　价：58.00元

PRINTED IN CHINA

总前言

为满足国际社会对专业型汉语人才日益迫切的需求，顺应留学生学历教育深化发展的趋势，上海交通大学于2008年在汉语言专业中增设商务汉语和金融汉语两个专业方向，并明确了“知识、能力、素质三位一体”的培养目标。在随后的研究和教学中我们意识到，编写一套“知行合一”的汉语教材，不仅是一校、一专业所需，更是国际中文教育事业在实践和发展中的呼唤。在前期课程讲义和研究的基础上，教材的编写正式启动，经多轮试用、修改，于今付梓成书，定名“知行·经济汉语系列教材”。

本系列教材共7册，涉及商务和金融领域常见话题，包含体现各专题基本概念的词汇和句式。在语言技能训练和知识讲解上，7册各有侧重又紧密关联。具体包括：《商务汉语综合教程》（宏观篇、微观篇）、《金融汉语综合教程》（上、下）、《商务汉语听说教程》、《商务汉语写作教程》、《中国商务文化教程》。

一、适用对象

本系列教材适用于高等学校汉语言专业商务及金融方向的相关课程，以及经济类专业留学生的汉语必修课，也可供部分有汉语基础（达到HSK 5级水平）的外籍商务及金融行业从业人员和高年级汉语进修生选用。

二、教材定位

本系列教材是学历留学生从基础汉语学习转向商务及金融类专业学习的桥梁，同时也是高级汉语进修生和外籍从业人员结合自身实际工作需求进一步提高汉语综合运用能力的良好媒介。

教材力求将“知识、能力、素质三位一体”的顶层设计目标具体化并落到实处，可作为专业课程体系中的“商务汉语综合”“金融汉语综合”“商务汉语听说”“商务汉语写作”“中国商务文化”等课程的配套教材。大纲项目、教材内容、体例设计力求体现多项知识能力和素质指标的培养要求，知识方面强调商务汉语知识、经贸专业知识，能力方面重点突出商务汉语听说读写分项能力、运用汉语处理商务业务的综合能力以及跨文化交际能力。此外还兼及团队协作精神、国际化视野等素质的培养。

三、教材目标

本系列教材的根本目标是培养学习者使用汉语进行商务交际的语言能力。主要帮助学习者整合汉语听、说、读、写各项语言技能，继续提高综合运用汉语的能力，同时逐步学习和掌握一些最基本的商务及金融专业相关知识，如一些基础概念和术语、基本原理等。希望通过本系列教材的学习，学历留学生能较为平稳地从以汉语技能训练为主的学科基础课程，进入以商务及金融专业理论和专业知识掌握为主的学科核心课程学习；外籍商务及金融行业从业人员和高年级汉语进修生能提高在职场的汉语综合运用能力。

四、编写特色

1. 教学大纲兼顾知识、能力、素质的综合培养，编制组合式教学大纲。

各教材在编写前期将专业内容和国情背景相结合，筛选出系列话题，据此研制了包含语言知识、语言能力、专业知识、文化背景等多个维度的综合教学大纲。各大纲线索独立有序，纵向递进；又以每课为节点，横向关联。为整套教材搭建起立体“骨架”，也为每册每课的内容选取、练习编排提供了科学、合理、有序的依据。

2. 教学内容突出商务及金融专业性特点，选择真实语料予以适度改写。

各教材编写语言参考本科留学生所使用的经济、金融专业教材，并广泛听取多方专业人士的意见，课文内容涵盖经济和金融领域常见话题和基本概念，保留专业语料的语体风格，练习和任务的设计贴近商务活动的真实场景，为学习者进入专业学习以及日后进入商务及金融行业就业做好语言准备。

3. 借鉴内容教学法和任务型教学理念，学习过程设计和组织合理，有效。

各教材以话题为单元组织教学，每个单元包含精心选择和设计的学习材料及任务。以交际实践为导向，激发学习者的主动性，引导其在完成任务的过程中理解和掌握基础专业知识，不断提高汉语听、说、读、写各项技能，逐步培养用汉语学习商务和金融专业知识以及从事专业工作的能力，在合作完成任务的过程中培养团队协作精神、终身学习能力和国际化视野。

本系列教材编写用时多年，其间经历多轮教学实践和修改更新。编者大都为多年从事商务汉语教学的一线教师，长期讲授相应课程，对教学组织和教材使用颇有心得。他们工作十分投入，精益求精，正是他们的敬业和执着，使得这项编写工作最终得以高质量地完成。

教材的成功出版，也要感谢北京语言大学出版社各位领导和责任编辑的支持和帮助。出版社专家与编辑团队数次来上海与编者开会讨论，从教材定位、体例设计到语料选择、练习编写，事无巨细，一一商讨落实。出版社的全程支持有力推进了编写工作的顺利进行。

同时，还要感谢上海交大安泰经济与管理学院的领导和老师，他们对教材的编写提出了专业领域的宝贵意见；感谢对外汉语教学界的专家和同人在编写过程中给予的热情鼓励与宝贵建议。

欢迎使用本系列教材的老师和学习者提出宝贵意见和建议，以使教材不断臻于完善。

“知行·经济汉语系列教材”编写组

于上海交通大学

《商务汉语听说教程》使用说明

一、适用对象

本教材主要适用于汉语言专业商务方向、经济类专业本科留学生的商务汉语听说类课程，也适合已具有中级及以上汉语水平（HSK5 级及以上）的外籍商务人士和高年级的汉语进修生使用。

二、定位及目标

本教材是“知行·经济汉语系列教材”中的商务汉语听说分册，属于专门用途（商务）的专项技能（听说）培训的汉语教材。教材内容涉及社会经济、商业及金融事务、贸易往来等常见的商务交际活动，旨在帮助学习者提高在商务活动及经贸活动中的听说水平，培养国际汉语人才的商务汉语交际能力。

三、编写特色

1. 采用案例式教学法。

本教材注重在具体情境中训练语言技能，用模拟真实的语料、情景、角色来呈现具体的商务交际活动，使专业词语、背景知识的导入自然合理，便于学习者理解、记忆和掌握相关词语及专业知识，逐步形成商务交际中的专业思维习惯与模式。

2. 注重听说结合。

本教材兼顾听和说的技能训练，商务案例以“听”的形式呈现，学习者可以在完成听力练习的过程中反复“磨耳朵”；而“说”的话题与“听”一致，内容相关又进一步延展。在输入为输出服务的基础上，将输入训练和输出训练结合为一个实践性比较强的交际任务。

3. 练习形式灵活多样。

听力训练的主要形式有问答、判断、选择、填表、复述等，听力材料的练习形式有意变化，以免形式固化、枯燥。口语练习则从听力复述开始，逐步拓展为较为自由的话题讨论。

四、编写体例

全书共 10 讲，每讲围绕一个话题展开。每讲以“理解分析——归纳总结——自由表达”为整体思路，包括 2 个案例及相关的听说训练。体例结构如下：

<table>
<tr><th colspan="2">板块</th><th>内容</th></tr>
<tr><td colspan="2">第一部分：热身</td><td>看图说话、话题讨论</td></tr>
<tr><td rowspan="2">第二部分：听与说</td><td>课文 1</td><td>词语表
听前：听前练习
听中：听录音，做练习
听后：听后讨论</td></tr>
<tr><td>课文 2</td><td>词语表
听前：听前练习
听中：听录音，做练习
听后：听后讨论</td></tr>
<tr><td colspan="2">第三部分：综合实践</td><td>以“任务”的形式，要求学习者综合运用相关词语和知识点，完成一个与本单元话题有关的交际任务。</td></tr>
</table>

五、教材内容及使用建议

本教材共 10 个话题，每个话题作为一个独立的教学单元。对应的话题、内容及能力训练重点安排如下：

单元	话题	课文	能力
一	市场定位	1. 市场细分案例 2. 市场定位案例	能听懂介绍市场细分、市场定位的常用词句。 能用所学的语篇结构分析市场定位的相关案例。
二	市场营销	1. 跨界营销案例 2. 广告营销案例	了解市场营销的相关知识。 能分析市场营销的相关案例。

（续表）

单元	话题	课文	能力
三	产品推介	1. 金融产品推介 2. 新品发布会	能听懂不同场合的产品介绍，找出产品的优势和卖点。 掌握从产品信息、销售信息两方面进行产品推介的方法。
四	客户服务	1. 客户回访 2. 应对投诉	能听懂客户对产品及服务的反馈。 能为客户说明解决问题的方案。
五	危机公关	1. 危机公关案例 2. 对危机公关专家的访谈	能听懂危机公关案例的介绍，了解危机公关的原则。 掌握分析危机公关案例的方法。
六	赞助活动	1. 奥运赞助的成功案例 2. 赞助成功的原因分析	能听懂赞助案例，找出案例成功 / 失败的具体表现。 能分析商业赞助案例成功 / 失败的原因。
七	商业谈判	1. 价格谈判 2. 投资谈判	能听懂谈判内容，识别谈判各方的目的、诉求、条件等信息。 能说服对方接受己方条件。能运用条件换条件、适时让步等技巧进行商业谈判。
八	招标与投标	1. 标前咨询 2. 阐述投标方案	能听懂招标要求和投标方案介绍。 掌握在竞标现场阐述投标方案的技巧。
九	企业文化	1. 立白的企业文化 2. 谷歌的企业文化	能听懂人力资源管理、经营理念、价值观等信息，可以归纳出企业文化。 掌握从多个方面介绍企业文化的表达方法。
十	创业与融资	1. 创业案例 2. 融资路演片段	能听懂创业过程及融资路演案例。 掌握向投资人介绍商业计划的技巧。

使用建议：

1. 本教材共 10 讲，每讲建议安排 8 ～ 12 学时（45 分钟 / 学时）完成。
2. 在 12 学时 / 讲的情况下，建议课时分配如下：

教学内容	课时分配
热身、课文 1 词语讲练	2 课时
课文 1 听说练习	2 课时
课文 1 听后讨论、课文 2 词语讲练	2 课时
课文 2 听说练习	2 课时
综合实践（学生展示、教师点评）	4 课时

在 8 学时 / 讲的情况下，建议综合实践部分根据教学情况灵活安排，可以作为平时作业，也可以选择部分内容作为期中 / 期末的考核话题。

3. 综合实践的任务部分可以根据班级学生人数及教学课时的多少灵活安排。可以个人展示，也可以作为团队任务分小组（2 ～ 4 人 / 组）展示。

根据教学需要，书中课文由报纸、杂志、网络等媒体中的语料改写而成。受时间、地域、技术手段等因素限制，我们未能与权利人一一取得联系。虽尽可能在课文后附原作信息，但仍有作品由于转载转录，作者及出处来源不详。对此，我们深表歉意和感谢，衷心希望权利人谅解并与我们联系版权事宜。特此声明。

目 录

第一讲 市场定位

市场定位指企业及产品确定在目标市场上所处的位置。成功的市场定位能使产品呈现与众不同的形象，并将这种形象生动地传递给顾客，从而使该产品在市场上确定适当的位置。

做好市场定位需要深入了解市场和消费者的需求，明确自己的产品优势和市场机会，并通过有效的传播手段让消费者了解和认可产品。

学习目标

1. 能听懂介绍市场细分、市场定位的常用词句。

2. 能用所学的语篇结构分析市场定位的相关案例。

第 1 部分 热身

1. 请根据图中的关键词语，从产品特点和目标人群两个方面描述该产品的市场定位。

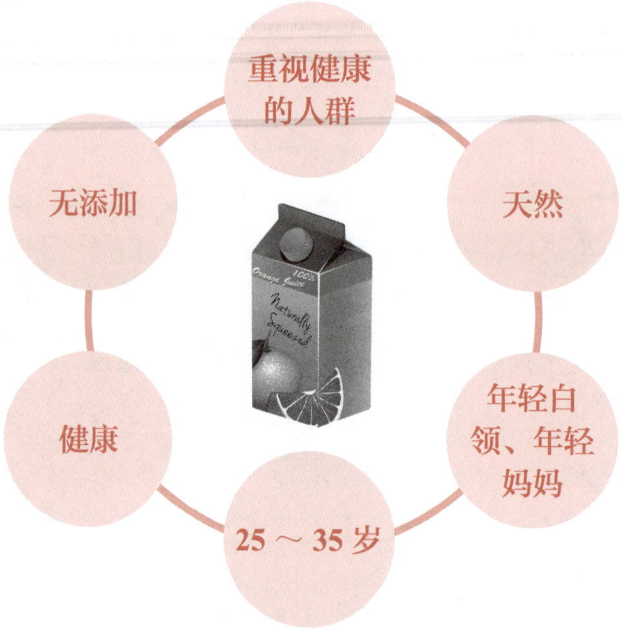

2. 请从下列产品中选择一种，从产品特点和目标人群两个方面描述该产品的市场定位。

A	B	C
可口可乐（零度）	依云（Evian）矿泉水	红牛维生素功能饮料

第 2 部分 听与说

课文 1 非洲手机之王

词语表

01-01

1. 份额 fèn'é 名

这款手机在印度的市场份额仅为 2.5%。

2. 渗透率 shèntòulǜ 名

互联网金融渗透率逐年增加，未来市场空间很大。

3. 痛点 tòngdiǎn 名

美的冰箱推出的新品解决了肉类保鲜只能依靠冷冻的痛点。

4. 方案 fāng'àn 名

这次会议主要研究新款手机的营销方案。

5. 待机 dàijī 动

英国推出了一款号称世界最小的手机，待机时间长达 3 天。

6. 专注 zhuānzhù 形

中国企业对澳大利亚的投资专注于高品质的医疗健康领域。

7. 需求 xūqiú 名

为满足老年人多样化的就餐需求，本市大力推进老年食堂建设。

8. 主打 zhǔdǎ 动

本届广交会上，华凤电器主打家电产品。

9. 均 jūn 副

近来，上海楼市一手房、二手房的成交量均在历史低位。

10. 比肩 bǐjiān 动

腾讯的市值一年涨了 114%，是一只可与贵州茅台比肩的股票。

11. 覆盖　fùgài　动

中国电商京东将进入欧洲市场，计划几年内业务覆盖全欧洲。

12. 诉求　sùqiú　名

消费者对于高品质产品的诉求日益增强。

13. 差异化　chāyìhuà　动

创新的设计和个性化的服务是产品差异化的关键。

14. 指纹识别　zhǐwén shíbié

指纹识别方便智能产品轻松解锁，还能起到安全保护作用。

专有名词

传音控股　Chuányīn Kònggǔ

中国的一家手机公司，2006年成立于香港，现在总部位于深圳。

听前练习

（一）选词填空。

专注　痛点　渗透率　诉求　比肩　指纹识别　待机　覆盖

1. 2023年中国新能源乘用车市场的（　　　　）已经达到35.7%。
2. 在使用支付宝的时候，大多数手机都可以使用（　　　　）的方式支付。
3. 比亚迪全新品牌的整体价格定位将（　　　　）宝马、奔驰等豪华汽车品牌。
4. 无论在游戏中，还是在服饰消费上，消费者都有追求新潮的（　　　　）。
5. 安居客、58同城等网站的房产业务已（　　　　）600多个城市。
6. 小狗电器（　　　　）于家用清洁电器领域，研发并销售扫地机器人等家用清洁电器。
7. 诺基亚发布新款蓝牙耳机，可以持续（　　　　）144个小时。
8. 无论是C2C还是C2B，二手车电商的盈利问题依旧是电商扩大市场的最大（　　　　）。

（二）听句子，用所给的结构复述。 01-02

1. 很多中国人可能并没有……，那是因为传音手机的销售不是……，而是……。

____

2. 传音公司……均进入……的品牌 40 强，分别位列……，比肩……。

____

3. 进入印度市场后，我们也同样针对……的诉求对……进行了……，比如增强了……功能。

____

听录音，做练习 01-03

（一）判断正误。

1. 传音手机的销售既针对中国市场，也面向非洲市场。（ ）

2. 传音公司发现中国的发展机会更大。（ ）

3. 2010—2012 年，传音公司的功能机做得不好，所以 2012 年传音公司开始专注于智能手机。（ ）

4. 传音公司为使手机拍照效果更符合非洲人的需求专门做了研究。（ ）

5. Carlcare 是传音公司专门做售后服务的品牌。（ ）

6. 印度市场的传音手机指纹识别功能不同于非洲地区的传音手机。（ ）

（二）回答问题。

1. 2006—2007 年，传音公司在调研的时候发现中国手机市场有什么特点？非洲市场呢？

____

____

____

2. 对传音公司来说，为什么2008—2010年这三年是最关键的一个时期？

____

____

____

3. 传音公司发现非洲的消费者有哪些需求和痛点？他们做出了哪些相应的方案？

____

____

____

4. 下面哪些句子能说明传音公司在非洲的市场地位？请找出你认为正确的句子。

A. 目前传音公司在非洲的市场份额超过40%。

B. 2010—2012年那段时间，传音已经发展成为非洲地区最大的功能机品牌。

C. 当时，传音公司主打的智能手机价格约为50～70美元。

D. 一个产品有没有价值，比价格更重要。

E. 目前传音公司在非洲的售后中心已有1000多个。

F. 目前传音公司三大子品牌均进入最受非洲消费者喜爱的品牌40强，分别位列第14名、第25名、第37名，比肩宝马、百事可乐等。

G. 传音公司的产品已经覆盖了50多个国家。

____

听后讨论

传音公司为什么能在非洲手机市场取得成功？

细分市场	消费需求

售后服务	其他

课文 2 红罐王老吉的市场定位

词语表

01-04

1. 销量　xiāoliàng　名

近年来，新能源汽车的销量持续增长。

2. 盈利　yínglì　动

近年来，该超市门店数量和盈利能力持续下降。

3. 重度　zhòngdù　形

电视重度用户流失严重，网络视频用户却持续稳定增长。

4. 针对性　　zhēnduìxìng　　名

天津将推出吸引高端人才的针对性政策。

5. 目标人群　mùbiāo rénqún

应该按照团队、散客等不同目标人群，对旅游产品进行细分。

6. 上火　　shàng//huǒ　　动

工作压力过大、熬夜等都是上火的原因。

7. 预防　　yùfáng　　动

多喝水、注意休息、合理饮食是预防上火的方法。

8. 稳固　　wěngù　　动

我们公司优化产品线、提升服务，稳固了在国内市场的领先地位。

9. 明确　　míngquè　　动

2 月 5 日召开的中国人民银行工作会议明确了今年的主要任务。

10. 沿用　　yányòng　　动

沃尔玛把沿用了 47 年的名字“沃尔玛百货公司”改成“沃尔玛公司”。

11. 巨资　　jùzī　　名

蔚来汽车花巨资在北京打造了首家线下体验中心。

专有名词

加多宝　　Jiāduōbǎo

加多宝（中国）饮料有限公司的简称，主要从事饮料、矿泉水生产及销售。

听前练习

（一）用合适的词语替换句子中画线的部分。

1. 中国发布了快递寄送的新规定，<u>清楚告知</u>了快递禁寄范围，很多物品不能通过快递寄送了。

____

2. 如果想开一家餐厅，首先要调查清楚目标顾客层的口味与就餐习惯。

____

3. 目前很多微商在朋友圈销售食品，但是与这个行为相关的法律法规还没有出台。

____

4. 天天快递公司投入了 18 亿元提升服务品质。

____

5. 今年宝钢集团实现利润 15 亿元，结束了 5 年的连续亏损状态。

____

6. 我们要想办法留住那些长期频繁购买我们产品的客户。

____

7. 新款车型仍然使用了老款的车身设计。

____

8. 面对市场波动，我们迅速调整策略，稳定了与关键客户之间的合作关系。

____

（二）听句子，用所给的结构复述。 01-05

1. 消费者选择红罐王老吉最主要的原因是……，然后是……，饮用红罐王老吉可以……，即……。

____

2. 如果把红罐王老吉定位为……，既符合红罐王老吉……的购买动机，能够……，也有利于……。

____

3. 为了更好地宣传……，成美与加多宝市场部反复讨论沟通，最终……，并一直……。

____

听录音，做练习 01-06

（一）选择正确答案。

1. 2002 年以前，红罐王老吉的情况如何？（　　）

A. 销量不稳定　　B. 盈利良好

C. 只在浙南地区销售　　D. 定位很明确

2. 关于红罐王老吉无法进行有针对性的推广工作的原因，下面哪一项不正确？（　　）

A. 产品的市场定位不明确　　B. 企业不清楚红罐王老吉是凉茶还是饮料

C. 企业不了解产品的重度消费者是哪些人　　D. 企业没有意识到营销的重要性

3. 通过市场调查，成美公司发现消费者选择红罐王老吉最主要的原因是什么？（　　）

A. 不喜欢其他饮料　　B. 喝王老吉能治疗感冒

C. 对饮料的需求　　D. 喝王老吉能预防上火

4. 和其他饮料比，红罐王老吉的特色是什么？（　　）

A. 可以治病　　B. 味道特别

C. 可以预防上火　　D. 和可口可乐味道一样

5. 市场定位明确以后，为什么红罐王老吉的消费群体巨大？（　　）

A. 不同性别的消费者都有“预防上火”的需求

B. 不同年龄的消费者都有“预防上火”的需求

C. 不同地区的消费者都有“预防上火”的需求

D. 以上都对

（二）回答问题。

1. 加多宝公司希望将红罐王老吉做成中国的可口可乐。要实现这一目标，应该怎么做？

____

____

____

2. 红罐王老吉的市场定位是什么？这样定位，对企业有什么好处？

____

____

____

3. 加多宝是如何将红罐王老吉的定位明确地传达给消费者的？

____

____

____

4. 根据提示简要介绍红罐王老吉完成市场定位的过程。

了解消费者需求	市场调查　消费者　对饮料的需求　和其他饮料比　减少上火
明确产品定位	定位为　明确　竞争对手　目标人群　独有的特色　不可替代
明确定位的好处	符合　重度用户　购买动机　稳固　开发　消费群体
宣传与推广	确定广告语　沿用　销量提升　花巨资　黄金广告时段　短时间　深刻印象　红

听后讨论

希音（SHEIN）是一家成立于 2008 年的快时尚出口跨境电商互联网公司。目前希音在全球快时尚电子商务领域享有重要地位，已成为快时尚行业的重要领导者之一。

请查找资料，了解并评价这个品牌在海外的市场定位。

第3部分 综合实践

任务： 分析产品的市场定位

要求

1. 从下列产品种类中选择一个，对其中一款产品进行市场定位分析。

手机、果汁、运动鞋、洗发水、其他__________

2. 结构和内容：

（1）简要介绍该款产品。

（2）分析该产品是如何进行市场细分及市场定位的。

（3）说明该产品是如何宣传和推广其市场定位的。

（4）对该产品的市场定位进行评价。

第二讲 市场营销

不同的产品或服务需要用不同的营销方式来展示其特点和优势。企业要综合考虑目标市场、客户需求、产品定位、竞争对手等多个因素，从而制订出符合企业实际情况的营销策略。

学习目标

1. 了解市场营销的相关知识。

2. 能分析市场营销的相关案例。

第 1 部分 热身

1. 请为（1）～（8）的描述找出匹配的营销方式。

A. 体验式营销	B. 情感营销	C. 口碑营销	D. 植入式营销
E. 广告营销	F. 绿色营销	G. 病毒营销	H. 跨界营销

（1）企业通过提供良好的用户体验，让客户在互动和参与中感受到产品或服务的价值，从而促进销售。（　　）

（2）企业通过提供有价值的产品或服务，利用公众的积极性和人际网络，让营销信息像病毒一样传播和扩散。（　　）

（3）利用消费者的情感需求来激发消费者的购买欲望。（　　）

（4）企业通过广告对产品展开宣传推广，以促成消费者的直接购买，扩大产品的销售，同时提高企业的知名度、美誉度和影响力。（　　）

（5）非同行业的品牌或领域进行合作，实现资源共享、优势互补，共同创造新的市场机会和价值。（　　）

（6）将产品或品牌及其代表性的视觉符号甚至服务内容策略性地融入电影、电视剧或电视节目中，通过场景的再现，让观众在不知不觉中留下对产品及品牌的印象，从而达到营销产品的目的。（　　）

（7）企业在满足消费者需求的过程中，注重减少对环境的影响，推广环保理念，生产并销售绿色产品或服务，以实现经济、社会和环境的可持续发展。（　　）

（8）企业通过口头传播来宣传和提升企业、品牌、产品或服务的形象和知名度；通过消费者的自发推荐和分享，来实现产品或服务的推广及销售量的增长。（　　）

2. 小组分享：请选择以上营销方式中的一种，举例说明。

第 2 部分 听与说

课文 1 奈雪的茶的跨界营销

词语表

02-01

1. 跨界营销 kuàjiè yíngxiāo

洽洽食品采用跨界营销等方式加快了品牌的全面年轻化。

2. 茶饮 cháyǐn 名

数据显示，去年中国新式茶饮市场规模为 2795.9 亿元。

3. 青睐 qīnglài 动

这款手机因为轻薄的外形受到年轻消费者的青睐。

4. 多元化 duōyuánhuà 形

各大汽车公司不断推出新能源车型，满足消费者多元化、个性化的用车需求。

5. 营造 yíngzào 动

市场经济必须营造一个公平竞争的环境。

6. 吸睛 xījīng 动

11 月以来港股基金表现最为吸睛，单只基金最高涨 60%。

7. 整合 zhěnghé 动

其实资源从来都不是问题，只要你能整合现有的资源。

8. 联名 liánmíng 动

最近各大品牌都尝试跨界联名，出现了很多我们意想不到的组合。

9. 打造 dǎzào 动

中新药业集团力图打造中药一流国际品牌。

10. 快闪店 kuàishǎndiàn 名

打造以创意营销为特点的快闪店成为购物中心吸引客流的一个手段。

11. 底蕴　dǐyùn　名

千年古城大同有着极为厚重的历史文化底蕴。

12. 携手　xiéshǒu　动

加多宝再度携手抖音，围绕“春节回家”这一话题，共同发起了一系列创意活动。

13. 新国潮　xīnguócháo

如今在时尚界，一大批“新国潮”正逐渐成为主角。

14. 元素　yuánsù　名

基础款中添加时尚元素会使产品高级又大气。

15. 国货　guóhuò　名

越来越多的国货品牌获得了市场的认可。

16. 崛起　juéqǐ　动

新国潮不仅包括“新国货”，还包括文化、科技等各领域的中国企业的崛起。

17. 魅力　mèilì　名

“中国茶”入选非遗成功，再次证明了中国文化的独特魅力。

专有名词

1. 奈雪的茶　Nàixuě De Chá

中国的茶饮品牌，创立于2015年。

2. 李宁　Lǐ Níng

中国的专业体育品牌，创立于1990年。中国李宁是李宁公司在2018年打造的中国潮牌。

听前练习

（一）选词填空。

青睐　打造　携手　多元化　崛起　魅力　元素　跨界营销

1. 这两年国产高清电视重新赢得了消费者的（　　　　）。

2. 他的设计将民间艺术形式与时尚（　　　　）完美地融合了起来。

3. 在未来一段时间，北京计划（　　　　）2～3个世界级商圈。

4. 在国民可支配收入增长、经济发展的时代背景下，国货护肤品牌（　　　　）已成必然。

5. 南昌移动计划（　　　　）华为公司，共同打造江西省内首个居民区精品网示范区。

6. 来自8个国家的青年走进江西景德镇，在这里感受中国陶瓷文化的独特（　　　　）。

7. 该公司是一家集科技、工贸、地产于一体，（　　　　）发展的企业。

8. 起亚是汽车与电竞（　　　　）的先行者，早在2016年，起亚便与英雄联盟总决赛和全明星赛合作。

（二）听句子，用所给的结构复述。 02-02

1. 作为……的代表品牌，奈雪的茶实现了……到……的转变，将新式茶饮消费逐渐变成以……为代表的……的消费习惯。

____

2. 跨界营销不仅玩法出人意料，能……，还能帮助品牌……。品牌间的跨界营销不仅可以……，更可以使传播效果……。

____

3. 奈雪的茶和人民日报新媒体的这次跨界合作不是简单的……，还表现出了更多的……，这种有态度、有深度的跨界营销才能真正让消费者与其建立起……，更愿意……。

____

听录音，做练习 02-03

（一）选择正确答案。

1. 关于奈雪的茶，下面哪一项不正确？（　　）

A. 是新式茶饮　　B. 只关注年轻群体

C. 很受年轻人喜爱　　D. 擅长跨界营销

2. 为什么跨界营销已经成为各品牌常用的营销手段之一？（　　）

A. 跨界营销是一种流行的营销方法

B. 年轻消费者喜欢消费升级

C. 年轻消费者非常注重时尚

D. 各品牌希望能给消费者一种新鲜的消费体验

3. 奈雪的茶是如何与人民日报新媒体进行跨界营销的？（　　）

A. 在社交媒体上互动　　B. 联名打造“快闪店”

C. 推出联名特饮产品　　D. 联名赞助活动

4. 关于奈雪的茶和人民日报新媒体的这次跨界合作，下面哪一项是正确的？（　　）

A. 高度还原了 20 世纪 50 年代以来中国人生活环境与茶饮习惯的变化

B. 让消费者亲身体验了三代人的不同喝茶场景

C. 这次跨界合作不仅“好喝”，还很“好玩儿”

D. 以上都对

5. 下面哪一项是奈雪的茶与中国李宁进行跨界营销的方式？（　　）

A. 资源共享　　B. 举办联名体验活动

C. 推出联名限量礼盒　　D. 打造文创周边产品

（二）回答问题。

1. 根据课文，跨界营销这种营销方式有什么好处？

____

____

____

2. 奈雪的茶和人民日报新媒体的跨界合作，营销效果怎么样？

____

____

____

3. 根据课文，李宁是一个什么样的品牌？

____

____

____

4. 奈雪的茶为什么主动选择和国货品牌李宁合作？

____

____

____

听后讨论

1. 在你看来，李宁这个国货老品牌为什么愿意跟奈雪的茶这个新兴品牌合作？

2. 现在采用跨界营销的品牌越来越多，请你选择一个案例，分析一下具体情况及营销效果。

课文 2 Y 果汁的广告营销

词语表

02-04

1. 适时 shìshí 形

宝马中国方面表示，有关生产计划信息将在未来适时公布。

2. 无添加　wú tiānjiā

继光明之后，蒙牛也推出了无添加酸奶。

3. 投放　tóufàng　动

今日4万辆共享单车正式投放大庆市场。

4. 树立　shùlì　动

树立良好的品牌形象对企业来说极为重要。

5. 互动型　hùdòngxíng

微博、小红书等都属于互动型网站。

6. 目标受众　mùbiāo shòuzhòng

网上购物的高级用户将成为信用卡的目标受众。

7. 锁定　suǒdìng　动

作为杭州最高端的楼盘之一，银马公寓将目标客户锁定在高收入人群上。

8. 黄金时段　huángjīn shíduàn

中央电视台黄金时段的广告费用非常昂贵。

9. 累计　lěijì　动

截至目前，该产品的市场份额累计增长了20%。

10. 触达　chùdá　动

我们利用社交媒体平台触达了更广泛的年轻消费群体。

11. 点击率　diǎnjīlǜ　名

歌曲《小苹果》在音乐平台上的点击率非常高。

12. 数据　shùjù　名

某电商平台销售数据显示，春节期间汉服成交额同比增长近2倍。

13. 参与率　cānyùlǜ　名

我们公司的市场活动参与率较上一季度增长了15%。

听前练习

（一）选词填空。

锁定　无添加　累计　投放　目标受众　触达　树立　黄金时段

1. 为了（　　　　）良好的企业形象，公司举办了一系列公益活动。
2. 企业只有找准自己产品的（　　　　），才能最大程度上保证营销的成功。
3.《我没谈完的那场恋爱》今晚在央视电影频道（　　　　）首次播出。
4. 这 3 款“口粮茶”纯天然、（　　　　），是百姓家中常备茶叶的首选。
5. 在（　　　　）广告之前，商家首先要做的就是明确自己的营销目的。
6. 要（　　　　）客户，使其将一次性消费转化为长期消费，会员制是一种有效的方式。
7. 通过这次广告活动，我们成功（　　　　）了数百万新客户。
8. 经过一年的努力，我们公司的销售额（　　　　）已达 10 亿元人民币。

（二）听句子，用所给的结构复述。02-05

1. 本次广告投放面对……的目标人群，希望在消费者心目中树立产品……的形象。

____

2. Y 果汁的目标受众平时经常浏览……等网站。广告公司锁定……，紧跟消费者进行……；同时锁定……，在……投放广告。

____

3. 累计展现次数……，成功触达……，点击率……，这一数据是……的 3 倍。

____

听录音，做练习 02-06

（一）选择正确答案。

1. Y 品牌 100% 果汁为什么推出了“纯水果、无添加”的概念？（　　）

   A. 消费者的收入越来越高　　B. 消费者喜欢 Y 这个品牌

   C. 消费者的健康意识在提升　　D. 消费者不喜欢果汁饮料

2. 这次 Y 果汁的广告主要投放在哪儿？（　　）

   A. 国际大都市　　B. 中等以上城市　　C. 中等城市　　D. 小城市

3. 下面哪一项是 Y 品牌 100% 果汁的目标人群？（　　）

   A. 年轻妈妈　　B. 白领和妈妈

   C. 25 ～ 35 周岁的年轻白领　　D. 25 ～ 35 周岁的年轻白领和年轻妈妈

4. 广告公司在选择广告投放平台时，主要锁定了哪些类型的网站？（　　）

   A. 科技、教育　　B. 母婴、丽人、资讯、娱乐

   C. 体育、游戏　　D. 财经、新闻

5. 互动型广告中，消费者可以通过什么方式体验 Y 品牌 100% 果汁的制作过程？（　　）

   A. 扫描二维码观看视频　　B. 点击鼠标“收集”水果并“调制”果汁

   C. 拨打客服电话参与　　D. 在实体店参与体验活动

（二）回答问题。

1. Y 品牌 100% 果汁的目标人群有什么特点？

____

____

____

2. 请描述广告公司设计的互动型广告是如何增强消费者体验的，并说明其作用。

____

____

____

3. 此次广告投放的效果怎么样？具体表现在哪些方面？

____

____

____

4. 根据提示，用自己的话复述 Y 果汁的广告案例。

产品特色	知名品牌 纯水果 无添加
目标人群	城市 年轻
目标人群的特点	饮食健康 高品质产品 品牌形象 兴趣广泛 互动型体验
广告投放	网站 目标城市 黄金时段
广告方式	特别设计 点击 调制 视频广告 登录官网
广告效果	750 万次 500 万 近 4% 3 倍 高达 16% 知名度和好感度 产品销售

听后讨论

3 ～ 4 人一组，选择以下几种商品中的一种，为其中的某款产品确定市场定位，并制订一个合适的营销方案，然后向全班同学报告。

手机 书籍 运动鞋 洗衣机 奶茶

第三部分 综合实践

任务：营销案例分析

要求

1. 选择一个营销方式。

体验式营销	情感营销	口碑营销	植入式营销
广告营销	绿色营销	病毒营销	跨界营销

2. 选择一家企业的一个品牌或一款产品，介绍该企业如何使用所选营销方式进行营销。

3. 结构和内容：

（1）简要介绍该品牌或产品。

（2）介绍该品牌或产品的营销方式及具体情况。

（3）描述该营销方式的市场效果。

（4）评价该营销方式。

第三讲 产品推介

产品推介是商家营销中不可或缺的一环。只有通过有效的推广介绍，才能让产品获得更多的曝光度和销售机会。

商家向消费者推介某一款产品时，要让消费者了解该产品的特点、优势及使用方法。产品推介的方式有很多，可根据产品特点和实际情况灵活运用不同的方式推介新产品。

学习目标

1. 能听懂不同场合的产品介绍，找出产品的优势和卖点。

2. 掌握从产品信息、销售信息两方面进行产品推介的方法。

第 1 部分 热身

1. 请判断下列图片中的产品分别用了哪种推介方法。

橱窗展示　平面广告　展览会　产品推介会　现场演示

2. 推介产品的方法有很多，你还知道哪些方法？

第2部分 听与说

课文1 金融产品“鑫财宝”推介

词语表 03-01

1. 代理 dàilǐ 动
该公司代理诸多国际知名品牌产品。
2. 旗下 qíxià 名
这家大型跨国公司旗下有多个知名品牌，业务遍布全球。
3. 活期 huóqī 形
我在银行开了一个活期账户，方便我随时存钱和取钱。
4. 理财产品 lǐcái chǎnpǐn
银行为个人投资者提供不同期限、不同币种的个人理财产品。
5. 资金 zījīn 名
我们公司正在寻求更多的资金来支持新项目的开发。
6. 到账 dào//zhàng 动
那笔资金已经到账了，我们可以开始下一步的工作了。
7. 周转 zhōuzhuǎn 动
小微企业比较容易遇到资金周转不灵活的问题。
8. 随存随取 suí cún suí qǔ
余额宝、零钱通等都是随存随取的理财产品。
9. 投资者 tóuzīzhě 名
投资者需要仔细研究市场趋势，然后做出明智的投资决定。
10. 限额 xiàn'é 名
因为扫码支付的限额，消费者有时候得分多次完成支付。

11. 提现　　tíxiàn　　动

用户想要将微信里的零钱提现，需要支付手续费。

12. 赎回　　shúhuí　　动

市场低迷的时候，很多投资者会赎回所购买的基金。

13. 成本　　chéngběn　　名

为了降低生产成本，我们正在寻找更便宜的原材料。

14. 劣势　　lièshì　　名

这家公司的品牌知名度较低，这成为限制其发展的一个劣势。

15. 相对于　　xiāngduì yú

相对于其他竞争对手，这家公司的产品更具创新性和实用性。

16. 费率　　fèilǜ　　名

购买理财产品时，一定要多比较不同产品的费率。

17. 年化收益率　　niánhuà shōuyìlǜ

这款理财产品的年化收益率高达5%，吸引了众多投资者的目光。

18. 竞争力　　jìngzhēnglì　　名

该公司以技术创新不断提升竞争力，实现了快速发展。

19. 风险　　fēngxiǎn　　名

购买理财产品，常常收益越大风险越大，收益越小风险越小。

20. 稳健　　wěnjiàn　　形

我们追求的是稳健的收益，而不是高风险的高回报。

听前练习

（一）选词填空。

周转　稳健　劣势　费率　代理　到账　相对于　赎回

1. 我们公司主要（　　　　）国外饮料品牌在中国的销售。

2. 请您查看一下账户，看看那笔资金是否已经（　　　　）。

3. 如果急需资金，投资者可以考虑（　　　　）部分基金。

4.（　　　　）传统的销售模式，网络营销成本更低，覆盖范围更广。

5. 与竞争对手相比，我们在某些方面存在明显的（　　　　），需要尽快改进。

6. 该公司的财务管理非常出色，资金（　　　　）灵活，能够迅速应对市场变化。

7. 这家投资公司追求（　　　　）的收益，注重长期回报和风险控制。

8. 在购买一款理财产品时，要注意这款产品买入和卖出的（　　　　）。

（二）听句子，用所给的结构复述。03-02

1. 最近，我们公司……了 A 集团……的一款……鑫财宝，我觉得这款产品可能……，您想……？

____

2. 这种……使得该产品成为……的理想选择，尤其适合像您这类……的投资者。

____

3. 虽然相对于一些……的投资产品，它的……可能略低，但对于……的投资者来说，它在同类产品中的……仍然……。

____

听录音，做练习　03-03

（一）选择正确答案。

1. 关于理财，李先生的想法是什么？（　　）

A. 希望资金这两天尽快到账　　B. 想购买存取方便的理财产品

C. 觉得市场上的理财产品不多　　D. 想了解如何选择理财产品

2. 关于鑫财宝，下面哪一项说法不正确？（　　）

A. 是张经理公司代理的一款理财产品　　B. 是 A 集团旗下的一款理财产品

C. 是一款活期理财产品　　D. 是一款适合长期投资的产品

3. 鑫财宝个人账号的最高购买额度是多少？（　　）

A. 100 万元　　B. 500 万元　　C. 1000 万元　　D. 5000 万元

4. 关于鑫财宝的提现，以下哪一项描述是正确的？（　　）

A. 每日快速赎回额度没有限制　　B. 每日快速赎回额度最高可至 50 万元

C. 赎回需要支付管理费　　D. 提现不收取手续费

5. 下面哪一项是鑫财宝的劣势？（　　）

A. 周转不灵活　　B. 费率相对较高　　C. 不能快速赎回　　D. 提现成本高

（二）回答问题。

1. 张经理为什么给李先生打电话？他和李先生是什么关系？

____

____

____

2. 说说鑫财宝有哪些优势。

序号	优势	具体情况	适合的投资者
1	________灵活 可以________	可随时________资金 无固定投资期限的限制	需要随时________资金变动的投资者
2	投资限额________	个人账号：________万元 企业账号：________万元	资金量________的投资者
3	________额度高 ________手续费	每日快速赎回最高额度： ________万元	经常________的投资者

3. 鑫财宝的收益率怎么样？

年化收益率：____

鑫财宝 VS 高风险、高收益的产品：____

鑫财宝 VS 同类产品：____

4. 假设你是张经理，请简要介绍一下鑫财宝这款理财产品。

鑫财宝简介	优势

劣势	收益水平

听后讨论

1. 在介绍鑫财宝时，课文中提到了下面哪些信息？

☐ 风险高低　☐ 年化收益率　☐ 赎回时间　☐ 费率

☐ 是否保本　☐ 投资期限　☐ 购买限额　☐ 手续费

2. 小组分享：向客户介绍一款理财产品，可以提及以下几个方面，并注意突出该产品的优势。

风险高低	年化收益率	赎回时间	费率
是否保本	理财期限	购买限额	手续费

课文 2　小米新品发布会

词语表　03-04

1. 继……之后　jì…zhīhòu

2027 年世界田径锦标赛将在北京举行，这将是北京继 2015 年之后时隔 12 年再度举办田径世锦赛。

2. 旗舰　qíjiàn　名

近期，主流手机厂商的旗舰机价格都上调了。

3. 超薄　chāo báo

这款笔记本电脑重量只有 560 克，这显然得益于超薄的机身。

4. 颜值　yánzhí　名

用户和厂商都越来越看重手机的颜值。

5. 性能　xìngnéng　名

近年来，以宝马为代表的高性能跑车持续热卖。

6. 内存　nèicún　名

手机内存空间不足时，应该及时清理没用的文件。

7. 闪存　shǎncún　名

闪存是一种长寿命的存储器，断电时仍能保留所存储的数据信息。

8. 主流　zhǔliú　名

春节期间，全市旅游收入 6.2 亿元，自驾游、自助游成为主流。

9. 配置　pèizhì　名

智能电视有超高的配置，更有超级高清的画面。

10. 在线　zàixiàn　动

越来越多的人在线观看电视节目、直播节目等。

11. 流畅　liúchàng　形

网速快的话，在线播放视频就会很流畅。

12. 蓝牙　lányá　名

这款智能手表支持蓝牙连接，可以轻松地与我的手机同步信息。

13. 领先　　lǐngxiān　　动

前三季度中国造船市场份额保持全球领先。

14. 高深　　gāoshēn　　形

经济学其实并不高深难懂，它和我们的生活密切相关。

15. 化繁为简　　huà fán wéi jiǎn

电子银行等智能服务让银行的业务化繁为简，办理速度提升。

16. 融入　　róngrù　　动

手机等产品的外观设计也会融入时尚元素。

17. 厚道　　hòudao　　形

小米始终坚持做感动人心、价格厚道的好产品。

18. 全渠道　　quánqúdào

2017 年，中国线上线下全渠道家电销售规模达到 7905 亿。

专有名词

小米　　Xiǎomǐ

一家以手机、智能硬件和 IoT 平台为核心的互联网公司。

听前练习

（一）选词填空。

领先　旗舰　流畅　性能　在线　厚道　颜值　化繁为简

1. 新出厂的电视机不但（　　　　）优良，外观也很漂亮。

2. 我们公司的经济效益在全省乃至全国同行业中遥遥（　　　　）。

3. 长三角“一网通办”(　　　　)，138 项业务如今均可轻松办理。

4. 这款笔记本电脑（　　　　）超高，深受消费者喜爱。

5. 这款智能音箱（　　　　）版目前售价 129 元，可享受满 99 元减 5 元的优惠。

6. 射击类游戏中，清晰（　　　　）的画面会大大提升用户的游戏体验。

7. 该网站是一个提供电子商务（　　　　）交易服务的全球批发贸易平台。

8. 这个品牌的汽车不仅质量过硬，而且价格也很（　　　　），得到了用户非常高的评价。

（二）听句子，用所给的结构复述。03-05

1. 今天我们给大家带来的是……的产品，这是小米电视继……之后推出的一个……的产品。

____

2. 我们采用了……64位处理器，内存和闪存比……高了……倍，可以存放更多资源。

____

3. 在……的初期，我们就有一个想法，要把……化繁为简，融入……的产品中，让每个人都能享受……。

____

听录音，做练习 03-06

（一）选择正确答案。

1. 下面哪类人可能没有参加此次新品发布会？（　　）
   A. 小米电视用户　B. 媒体朋友　C. 合作伙伴　D. 受邀嘉宾

2. 关于小米新品，下面哪一项是正确的？（　　）
   A. 颜值不算高　B. 是超薄的
   C. 是旗舰系列的产品　D. 是全新系列的产品

3. 关于小米新品的性能和配置，下面哪一项不正确？（　　）
   A. 采用64位处理器　B. 内存和闪存是市场的主流配置
   C. 采用顶级Wi-Fi标准　D. 蓝牙采用新标准

4. 小米新品发布会没有提到下面哪个发售渠道？（　　）

A. 小米商城　　B. 京东商城　　C. 小米有品　　D. 小米之家

5. 关于小米公司的理念，下面哪句话在文章中没有提到？（　　）

A. 优秀的公司赚取利润，伟大的公司赢得人心。

B. 让每个人都能享受科技的乐趣。

C. 小米电视的梦想是做世界上最好的电视，并且让每个人都买得起。

D. 小米公司不是一个追求销量的公司，小米追求的是做感动人心的产品。

（二）回答问题。

1. 新品发布会从哪几个方面介绍了新产品？

产品信息	产品名称、________、________、________、________
销售信息	产品价格、________、________

2. “这真的只是一台普通的电视吗？”新品发布会中，这个问题的设置引出的是产品哪方面的介绍？请你用自己的话说一说。

____

____

____

3. 小米新品的价格怎么样？

4A______英寸	人工智能语音版：________；标准版：________
4A______英寸	标准版：________

4. 请根据提示，介绍小米公司的这款新产品。

项目		句式	参考词语
产品信息	名称	今天我们给大家带来的是……	4A 系列、继……之后、旗舰、全新
	特点	先来看一下……，并不是……，但是……	外观、超薄、颜值
		我们采用了……，……比……高了…… 再介绍一下 Wi-Fi，…… 蓝牙……	64 位处理器、内存、闪存、配置、在线、流畅、新标准
		这真的只是一台普通的电视吗？其实……，不仅……，而且……，比过去的智能电视……。我们有一个想法，要……	“听话”、智能、高端、高深难懂、化繁为简、融入、厚道、科技的乐趣
	卖点	有两大主要特色：第一，……；第二，……	配置、性能、人工智能语音系统
销售信息	价格 / 时间 地点 / 渠道	……价格呢？ ……上市呢？	定价、有竞争力、3 月 23 日、全渠道

听后讨论

除了推介新产品，新品发布会还多次突出强调了小米公司的理念。在你看来，这对产品推介有好处吗？为什么？

第3部分 综合实践

任务：产品推介

要求

1. 选择一个实体产品或者金融产品进行产品推介。

2. 内容包括产品信息和销售信息两个方面，突出产品的卖点。

3. 运用对比和设问的表达方法。

第四讲 客户服务

在产品同质化日益严重的今天，客户服务已经成为市场营销不可替代的重要组成部分。企业应该注重客户服务的质量和效率，通过提供全面的服务和支持，确保客户在使用产品或享受服务的过程中得到满意的体验。

学习目标

1. 能听懂客户对产品及服务的反馈。

2. 能为客户说明解决问题的方案。

第 1 部分 热身

1. 为什么良好的客户服务在市场营销中变得越来越重要？请结合以下几方面具体谈谈你的理解。

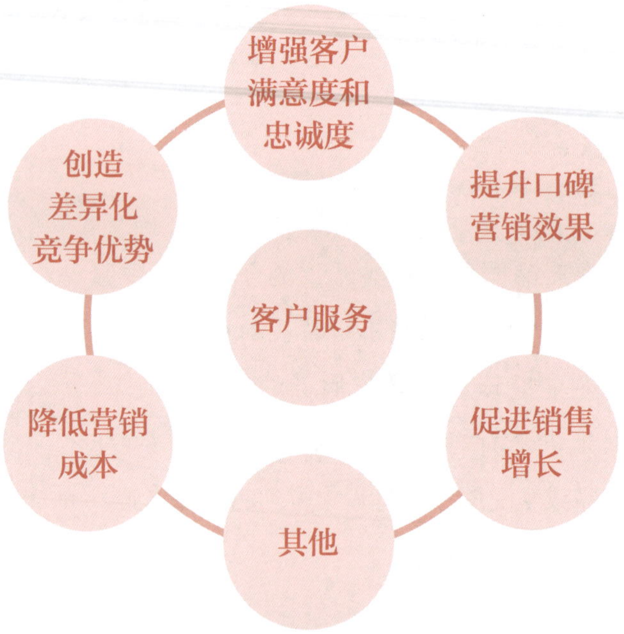

2. 在对客户进行售后回访时，如果客户提出了以下问题或建议，作为客服，你如何回应？

（1）公司没有按照约定的时间交付车辆，我没能按时提到车。

（2）我实际支付的维修费用比估价要高。

（3）建议针对老顾客提供一些免费服务，比如免费洗车等。

第 2 部分 听与说

课文 1 客户回访

词语表 04-01

1. 回访 huífǎng 动

为了提升用户体验，我们加强了售后客服对消费者的沟通回访服务。

2. 工号 gōnghào 名

我的工号是 5111，很高兴为您服务。

3. 维修 wéixiū 动

社区推出了电脑上门维修这项贴心的服务。

4. 保养 bǎoyǎng 动

汽车除了加油以外，还需要你平时去维护和保养。

5. 耽搁 dānge 动

谢谢您接受我的采访，我不会耽搁您太长时间的。

6. 估算 gūsuàn 动

根据这些数据，公司可以估算出一个合理的回报率。

7. 交付 jiāofù 动

一月份，我们公司在全球范围内共交付新车 515,500 辆。

8. 延迟 yánchí 动

因大雾天气能见度低，为确保乘客安全，城际公交所有线路延迟发车。

9. 提车 tí chē

在车辆到达以后，收货人需提供身份证提车。

10. 配件 pèijiàn 名

作为一个大型国际汽车城，这里经营的汽车配件品类繁多。

11. 明细　　míngxì　　形

微信钱包推出了新功能，收支明细更加清楚了。

12. 逐项　　zhúxiàng　　副

节日前，民警对加油站、餐馆等重点场所进行了逐项检查。

13. 估价　　gū//jià　　动

和新加坡的天文房价相比，日本的房产估价更低。

14. 反馈　　fǎnkuì　　动

这款新产品的设计灵感来自去年产品试销后消费者的反馈。

15. 完善　　wánshàn　　形

虽然我们的设计还不完善，但我们有信心改进它。

听前练习

（一）选词填空。

估算　完善　明细　延迟　反馈　逐项　保养　估价

1. 春节期间，一些快递公司因人手不足而（　　　　）配送商品。
2. 那起交通事故对他们公司的汽车产品造成的负面影响无法（　　　　）。
3. 这颗稀有钻石重 37.3 克拉，（　　　　）2000 万～ 3000 万美元。
4. 飞机起飞前，飞行员得拿着检查单（　　　　）检查。
5. 小鹏去银行查了一下银行卡一年内的账单（　　　　），查询的结果让他大吃一惊。
6. 深圳之所以发展得如此迅速，除了发达的港口经济的影响以外，也离不开当地非常（　　　　）的交通运输网。
7. 购买这款车可以享受 4 年免费保修和基础（　　　　）的服务。
8. 上个月，一部分用户（　　　　）这个品牌的手机信号比较差。

（二）听句子，找出每组两个句子中共同的词语或者结构。04-02

第一组：

____

第二组：

____

第三组：

____

听录音，做练习 04-03

（一）完成表格（如果选“否”，请写出具体情况）。

问题	客户的回答
到厂维修时，是否有人及时主动地接待您？	是□ 否□ ________
服务顾问是否在维修前估算了总体服务价格并详细说明相关内容？	是□ 否□ ________
公司是否在约定的时间内交付了车辆？	是□ 否□ ________
维修保养时，配件供应是否及时？	是□ 否□ ________
结账时，服务顾问是否清楚地解释了费用明细？	是□ 否□ ________
结账时，所付费用是否和估价相一致？	是□ 否□ ________
提车时，服务顾问是否详细解释了所做的维修保养工作？	是□ 否□ ________
提车时，公司是否清洁了车辆？	是□ 否□ ________

（续表）

问题	客户的回答
您对爱车的干净程度是否感到满意？	是□ 否□ ________
维修后，服务顾问是否提供了车辆的使用及保养建议？	是□ 否□ ________
您对公司服务场地、客户休息区的清洁程度和环境布置是否感到满意？	是□ 否□ ________

（二）**回答问题。**

1. 客服对刘先生进行电话回访的目的是什么？

____

____

____

2. 刘先生为什么没有在约定的时间内提到车？

____

____

____

3. 刘先生对哪些服务不太满意？客服是如何应对的？

刘先生不满意之处	客服的应对

4. 刘先生给出了什么意见和建议？

____

____

____

听后讨论

客服是企业与客户之间的重要桥梁，一名优秀的客服应具备多方面的素质。在你看来，对话中的客服在回访过程中表现得怎么样？

优点	可提升之处

课文 2 应对投诉

词语表 04-04

1. 投诉 tóusù 动

国庆期间，网络购物与旅游产品预订成为投诉热点。

2. 致电 zhì//diàn 动

如有需要，建议致电公司人事部门咨询相关政策。

3. 高峰　　gāofēng　　名

元宵节前后，各大城市将迎来第二波返程高峰。

4. 损毁　　sǔnhuǐ　　动

在这次事故中，车上人员没有受伤，只是车子损毁严重。

5. 核实　　héshí　　动

海关核实无误后，将准许有关货物入境。

6. 属实　　shǔshí　　动

消费者指出的问题如果属实，企业应尽快解决。

7. 赔偿　　péicháng　　动

新买的豪车不到一周就出现质量问题，最后汽车厂商赔偿了 60 万元。

8. 损失　　sǔnshī　　名

法院判决旅行社赔偿申女士经济损失 3 万元。

9. 信誉　　xìnyù　　名

购买家电时应当选择信誉良好的品牌。

10. 查明　　chámíng　　动

这次重大火灾发生的原因已经查明。

11. 货运单　　huòyùndān　　名

货物装车完毕，由车站工作人员签发货运单。

12. 强度　　qiángdù　　名

卡纸的厚度决定纸袋的强度。

13. 导致　　dǎozhì　　动

质量问题导致产品销量下降。

14. 变形　　biàn//xíng　　动

这些电池过热甚至会导致电池外壳变形。

15. 照价　　zhào jià

洗衣店弄丢衣服，顾客要求该店照价赔偿。

16. 交运　　jiāoyùn　　动

为了保证安全，航空运输中很多货物不能交运。

听前练习

（一）词语连线。

照价	时段
情况	变形
高峰	赔偿
导致	原因
查明	属实

（二）听句子，用所给的结构复述。 04-05

1. 首先要向您……，另外，我们会……您说的情况，如果……，我们一定会……。

____

2. 主要原因……我们公司对您公司的家具……，导致……在运输过程中……。

____

3. 据我们调查，损毁的家具中有两件因……而……，修理后不影响使用，我们……。另外的五件家具……，无法……，我们将……。

____

听录音，做练习 04-06

（一）判断正误。

1. 李先生运输的家具总价值为 18 万元，其中损毁的家具价值 2 万元。（　　）
2. 李先生是第一次把家具交给仓海货运公司运输。（　　）
3. 第二个电话是仓海货运公司的王经理打给李先生的。（　　）
4. 李先生公司的家具损毁是因为在运输过程中发生了交通事故。（　　）

5. 仓海货运公司愿意对所有损毁的家具照价赔偿。 (　　)

6. 李先生对仓海货运公司的处理方案比较满意。 (　　)

（二）回答问题。

1. 接到李先生的投诉后，客服是如何应对的？

2. 仓海货运公司对李先生的投诉是怎么处理的？请根据关键词语复述。

确认事实	责任
分析原因	包装强度　运输　损毁
提出解决方案	两件　因……而……　不影响　维修　五件　严重　无法　照价

3. 除了处理损毁的家具外，货运公司还采取了什么应对办法？

____

____

____

4. 从李先生的角度说说他所遇到的问题及问题的解决过程。

遇到的问题：______________________________

投诉及客服的回应：______________________________

两天后接到来电，处理方案：______________________________

我的回应：______________________________

听后讨论

1. 你认为在应对客户投诉的过程中，客服和王经理的哪些处理方式比较好？

2. 以下是关于客户投诉的两种观点，你同意哪一种？说说你的理由。

（1）客户投诉会影响企业形象。如果增加投诉的难度，客户可能会选择放弃投诉。

（2）与没有投诉经历的客户相比，有投诉经历的更可能成为公司长期而忠实的客户。

第 3 部分 综合实践

任务：角色扮演——协商解决方案

要求

1. 两人一组，角色如下：

A 同学：你在乐华汽车公司购买了一辆汽车，不久就发现了一些问题，于是在社交媒体上表达了不满。

B 同学：你是乐华汽车公司客服中心的负责人。你发现 A 客户在社交媒体上对你们表达了不满，引起了众多关注，给公司造成了较大的负面影响。

注：客户遇到的问题可自行设定，也可查找并使用相关案例。

2. 两人协商解决目前的情况，采取理性的沟通方式，保持积极的态度，维护合理的利益。

3. A 同学需详细描述情况，提出合理的诉求。B 同学要了解具体问题，分析原因。

4. 向全班同学报告协商过程和解决方案，内容包括客户遇到的问题、出现问题的原因和具体的解决方案。

第五讲 危机公关

由于企业管理不善、同行竞争甚至遭遇恶意破坏或者是受到外界特殊事件的影响，而给企业或品牌带来危机，企业针对危机所采取的一系列自救行动，包括消除影响、恢复形象等，就是危机公关。

学习目标

1. 能听懂危机公关案例的介绍，了解危机公关的原则。

2. 掌握分析危机公关案例的方法。

第 1 部分 热身

1. 企业面临的危机主要有八种类型：信誉危机、决策危机、经营管理危机（包括产品质量危机、环境污染危机、关系纠纷危机）、灾难危机、财务危机、法律危机、人才危机、媒介危机。请思考下面这些案例分别属于什么类型的危机。

（1）某公司申请破产保护。

（2）某品牌汽车因零部件缺陷而召回部分轿车。

（3）某集团盲目涉足房地产项目导致企业经营困难。

（4）某商业杂志的主编带一批员工跳槽。

（5）禽流感使某餐饮企业受到重大影响。

（6）媒体对某企业的报道失实而造成该企业产品销量下降。

（7）某企业在生产经营中涉嫌偷税漏税。

（8）某火锅店的厨房出现一系列卫生问题引起消费者质疑。

2. 下面哪种情况属于危机公关？

（1）由于寒流影响，公司的水管被冻裂，公司马上派工程部门进行抢修。

（2）由于甲流大流行，公司员工纷纷感冒发烧，影响正常工作，公司高层紧急开会，研究解决办法。

（3）某企业产品出现严重的质量问题，引起消费者不满。该企业领导通过媒体向公众道歉，并承诺整改。

（4）某公司产品技术没有及时更新，导致销量下降，利润下滑。

第2部分 听与说

课文 1 A火锅店的危机公关

词语表

05-01

1. 曝光 bào//guāng 动

央视的“3·15”晚会上，一些不良企业被曝光。

2. 归功于 guīgōng yú

我们公司二季度订单增长312%，主要归功于“直播+电商”的营销方式。

3. 声明 shēngmíng 名

美图手机发布声明，否认将被收购的传闻。

4. 措施 cuòshī 名

今年交警大队采取了三项新措施来保障道路交通安全。

5. 舆论 yúlùn 名

政府工作报告受到舆论高度关注。

6. 蔓延 mànyán 动

这次金融危机已经蔓延至整个欧洲。

7. 把控 bǎkòng 动

公司严格把控产品质量，把优质产品带给广大消费者。

8. 承诺 chéngnuò 动

商家承诺消费者的事情一定要做到。

9. 整改 zhěnggǎi 动

食物货架上出现脏鞋，该餐厅被要求整改。

10. 认可 rènkě 动

这款车采用了全新的设计理念，赢得了消费者的认可。

11. 董事会　dǒngshìhuì　名

这家公司的董事会宣布追加电商运营的投资金额。

12. 承担　chéngdān　动

因质量问题而发生的退货，运费由卖家承担。

13. 涉事　shèshì　动

货柜里竟然有老鼠，涉事店铺已经停业整改。

14. 监督　jiāndū　动

市场管理局从本月起开展农资产品专项监督检查工作。

15. 疑虑　yílǜ　名

市民建议饭店厨房透明化，消除消费者的疑虑。

16. 挽救　wǎnjiù　动

司机迅速踩下刹车，挽救了一车人的性命。

17. 修复　xiūfù　动

在所有危机中，形象危机是最难处理的。形象一旦受损，修复难度极大。

听前练习

（一）选词填空。

舆论　蔓延　声明　归功于　把控　涉事　疑虑　措施

1. 该公司本年度利润大超预期，这主要（　　　　）中国市场惊人的发展速度。
2. 某汽车品牌发布召回（　　　　），宣布将召回亚洲市场的部分车型。
3. 海外（　　　　）普遍认为，中国改革开放的影响是世界性的。
4. 本城区采取外地车辆高峰期限行（　　　　）。
5. 新手司机操作失误致 1 死 3 伤，（　　　　）司机已被警方控制调查。
6. 该公司组织市民参观方便面生产线，消除消费者的购买（　　　　）。
7. 企业只有通过技术创新才能（　　　　）行业话语权。

8. 目前政府正在加大检查力度，防止禽流感（　　　　）到其他省份。

（二）听句子，用所给的结构复述。05-02

1. 危机爆发后，A 火锅店在……就承认了……，主动向消费者……并……，从而……消费者的……。

____

2. A 火锅店首先明确表明……由……承担，两家涉事门店的职工……，接着公布了在此次危机整改措施中，具体负责人的……，甚至……，让危机处理变得……。

____

3. 虽然后厨卫生事件对 A 火锅店产生了……的影响，但其……也挽救了它……。

____

听录音，做练习 05-03

（一）选择正确答案。

1. 下面哪一项是 A 火锅店危机公关成功的最主要因素？（　　　　）

   A. 公司董事会　　B. 门店店长　　C. 危机管理方法　　D. 新闻媒体

2. 危机爆发后，最好在什么时候进行危机公关？（　　　　）

   A. 一天内　　B. 两天内　　C. 五天内　　D. 一周内

3. A 火锅店表示此次危机由谁负责？（　　　　）

   A. 公司全体员工　　B. 涉事的门店员工　　C. 公司董事会　　D. 公司公关部

4. A 火锅店通过什么方法消除了消费者对卫生监督问题的疑虑？（　　　　）

   A. 公开道歉并承诺整改

   B. 公布具体负责人的姓名和电话

   C. 增加员工数量以加强内部管理

   D. 聘请第三方虫害治理公司进行专业卫生检查并处理

5. 关于 A 火锅店的危机公关，下面哪一项没有提到？（　　　）

A. 事件曝光后 A 火锅店第一时间承认了错误并向消费者道歉。

B. 危机发生后 A 火锅店积极处理与媒体的关系。

C. 危机发生后 A 火锅店积极整改。

D. 成功的危机公关挽救了企业形象。

（二）回答问题。

1. A 火锅店在危机爆发后的"黄金时间"内采取了哪些处理措施？

危机爆发后大约________内，发布了____________________；____________后的________内，又发布了____________________。

2. A 火锅店在危机处理的"黄金时间"内迅速采取措施，因而得到哪些好的结果？

____________了____________，____________了____________。

在____________________之前____________________舆论高地。

3. A 火锅店在危机处理上如何表现出真诚的态度？

第一时间____

主动____

4. 根据作者的分析，A 火锅店危机公关的成功归功于哪几个方面？请根据提示，用自己的话总结。

方面	参考词语
速度	快、道歉声明、处理措施、黄金时间、控制、蔓延、把控
态度	真诚、承认、承诺、从而、赢得……认可
责任	责任人、表明、由……承担、涉事、公布、让……变得……
整改	积极、第三方、排查、消除……疑虑、恢复……信心

听后讨论

请分析 A 火锅店的危机公关手段体现了危机公关 5S 原则的哪几个方面。

危机公关 5S 原则：

□承担责任原则（Shoulder the matter）

□真诚沟通原则（Sincerity）

□速度第一原则（Speed）

□系统运行原则（System）

□权威证实原则（Standard）

课文 2 危机公关专家访谈片段

词语表

05-04

1. 意味着 yìwèizhe 动

加息对股市来说不是好消息，这意味着资金成本的提高。

2. 命脉 mìngmài 名

农业依然是中国经济的命脉。

3. 色素 sèsù 名

“甜菜红”是一种存在于红甜菜中的天然色素。

4. 检测 jiǎncè 动

政府部门对全市的自来水水质进行了抽样检测。

5. 被动 bèidòng 形

要深刻吸取事故教训，迅速扭转安全生产被动局面。

6. 负面 fùmiàn 形

贸易冲突短期内会对双方经济造成负面影响。

7. 一旦 yídàn 副

全球贸易战一旦打响，黄金价格会受到较大的影响。

8. 弥补　　míbǔ　　动

这次产品质量事件给公司带来的损失无法弥补。

9. 铺天盖地　　pūtiān-gàidì　　成语

快到年底了，商家的各种打折促销信息铺天盖地。

10. 传媒　　chuánméi　　名

公司的公关部门经常需要跟传媒打交道。

11. 回应　　huíyìng　　动

董事长回应了近日公司大股东出售股份的事情。

12. 环节　　huánjié　　名

未来新能源汽车创造价值的关键环节将不再是整车销售。

13. 决策　　juécè　　动

在信息不充足的情况下果断决策需要智慧，也需要勇气。

14. 口径　　kǒujìng　　名

发生危机的时候，公司对外宣传的口径一定要一致。

听前练习

（一）用合适的词语替换句子中画线的部分。

1. 信用是企业发展的<u>极为重要的因素</u>。

____

2. 中美贸易战会给中国汽车零部件的出口带来一些<u>不好的</u>影响。

____

3. 自从汽车新零售成为行业热点，零首付购车的广告<u>到处都是</u>。

____

4. 质量问题是企业生产管理的核心，一旦发生事故，损失往往很难<u>补偿</u>。

____

5. 关于这次危机，该公司不同部门的说法都不一致。

____

6. 在产品推介会的准备过程中，精心设计的演示部分是展示产品优势的关键商务手段。

____

7. 在有限的时间内，要正确地做出重要的决定并不容易。

____

8. 这项新技术的发明代表着生产效率的提升，将促使企业获取更多的利润增长机会。

____

（二）听句子，找出每组两个句子中共同的词语或者结构。 05-05

第一组：

____

第二组：

____

第三组：

____

听录音，做练习

05-06

（一）判断正误。

1. 在处理危机时，如果公司抓住了速度这个命脉，就不会有风险了。（ ）
2. 陆总并没有意识到危机处理不当对公司品牌的负面影响。（ ）
3. 危机发生后，媒体的报道铺天盖地，这说明了传播的力量。（ ）
4. 危机管理指控制危机的传播。（ ）
5. 专家认为，处理跟媒体的关系是企业在处理危机时的重要环节。（ ）

（二）回答问题。

1. 在危机发生的时候，速度意味着什么？

2. 对话中提到的公司在危机处理过程中为什么会处于被动的局面？

3. 在陆总看来，危机处理不当对企业有什么影响？

4. 根据课文，请说说在发生危机时，公司应该如何处理跟媒体的关系。

（参考词语：代表着、利益、舆论、通过、回应、关注、首先、口径、发言人、第二、渠道、回避、新闻发布）

听后讨论

请根据对话思考，专家的看法符合危机公关 5S 原则的哪个方面。请谈谈你的理解。

第3部分 综合实践

任务： 分析一个危机公关案例

要求

1. 找到一个危机公关案例，成功的、失败的皆可。

2. 介绍案例的基本情况，包括危机起因、危机类型、影响等。

3. 结合危机公关的策略和原则，描述该企业的危机处理过程和公关结果。

4. 总结该案例的价值和意义。

第六讲 赞助活动

赞助活动是指企业或机构为支持特定活动或项目而在资金、物资、场地等方面提供的支持。在赞助活动中，企业或机构需要选择合适的赞助对象和项目，以确保赞助的效果和回报。

学习目标

1. 能听懂赞助案例，找出案例成功 / 失败的具体表现。

2. 能分析商业赞助案例成功 / 失败的原因。

第 1 部分 热身

双人活动

从赞助活动的主要对象来看，赞助活动主要有以下四种类型：体育事业赞助、文化娱乐事业赞助、教育事业赞助、社会福利和慈善（císhàn，charitable）事业赞助。

请你跟你的同伴讨论下列赞助活动属于哪种类型，赞助这些不同类型的活动可以给企业带来什么好处。

（1）某公司在高校设立奖学金。

（2）加多宝赞助综艺节目《中国好声音》。

（3）阿迪达斯公司赞助世界杯足球赛 10 支球队。

（4）某企业出资修建马路、公园。

（5）德国大众公司发起并成立了大众汽车音乐基金，赞助了许多世界一流音乐家的演出。

（6）阿里巴巴集团赞助奥运会，成为国际奥委会（Guójì Àowěihuì，International Olympic Committee）全球赞助商。

第 2 部分 听与说

课文 1 可口可乐赞助奥运会

词语表

06-01

1. 赞助 zànzhù 动

   这场大型音乐会得到了多家企业的赞助。

2. 盛事 shèngshì 名

   奥运会是四年一次的体育盛事。

3. 赞助商 zànzhùshāng 名

   阿里巴巴已经成为国际奥委会顶级赞助商。

4. 深入人心 shēnrù-rénxīn 成语

   安全生产的意识已经深入人心，生产事故率大大降低。

5. 同比 tóngbǐ 动

   今年公司第一季度的销售额同比增长了20%。

6. 成效 chéngxiào 名

   公司近期推出了一系列创新产品，取得了显著的市场成效。

7. 借助 jièzhù 动

   借助科技力量，可以让金融更好地服务实体经济。

8. 创意 chuàngyì 名

   这个营销方案极有创意，成功吸引了大批年轻消费者。

9. 巩固 gǒnggù 动

   通过持续的创新和优质的客户服务，公司成功巩固了其品牌形象。

10. 潜在 qiánzài 形

    这个项目具有潜在的商业价值，值得我们进一步投资。

11. 排名　　pái//míng　　动

这家电子公司的市值排名连续两年下滑。

12. 双赢　　shuāngyíng　　动

我们应该努力寻找能够满足双方利益的双赢方案。

专有名词

1. 可口可乐　　Kěkǒu Kělè

可口可乐公司是美国的饮料公司。

2. 阿姆斯特丹　　Āmǔsītèdān

Amsterdam，荷兰的首都

3. 国际奥委会　　Guójì Àowěihuì

国际奥林匹克委员会（IOC）的简称

4. 里约　　Lǐyuē

Rio de Janeiro，里约热内卢的中文简称，巴西的一个城市

5. 亚特兰大　　Yàtèlándà

Atlanta，美国的一个城市

听前练习

（一）选词填空。

排名　潜在　双赢　巩固　成效　盛事　创意　同比

1. 公司的年度庆典是全体员工期待已久的（　　　　），大家在这一天都会盛装出席。
2. 在产品设计上，该企业不断融入创新元素，以独特的（　　　　）赢得了市场的广泛认可。
3. 这次谈判的目的是寻求一个既能满足我们需求，又能实现对方利益的（　　　　）结果。
4. 商务部的最新报告显示，中国出口商品在国际市场上的（　　　　）稳步提升。

5. 这个市场具有（　　　　）的发展空间，我们应该积极开拓。

6. 公司通过加强研发创新和品牌宣传，进一步（　　　　）了其在国际市场的地位。

7. 公司去年同期的销售额是 100 万元，今年同期则达到了 120 万元，（　　　　）增长了 20%。

8. 面对市场变化，该企业及时调整经营策略，取得了显著的（　　　　）。

（二）听句子，找出每组两个句子中共同的词语或者结构。 06-02

第一组：

____

第二组：

____

第三组：

____

听录音，做练习

06-03

（一）判断正误。

1. 可口可乐自 1928 年起一直是国际奥委会的官方赞助商。（　　）

2. 里约奥运会后，可口可乐的盈利猛增 21%。（　　）

3. 可口可乐在奥运会期间只开展一个主题系列的营销活动。（　　）

4. 可口可乐的品牌价值在全球的排名比较靠前。（　　）

5. 通过赞助奥运会，可口可乐实现了商业利益和品牌建设的双赢。（　　）

（三）回答问题。

1. 通过赞助奥运会，可口可乐得到了哪些好处？

2. 在奥运会期间，可口可乐销量增长的原因是什么？

3. 通过赞助奥运会，可口可乐的品牌建设实现了什么样的效果？

（参考词语：品牌价值观、品牌形象、市场竞争力、品牌价值）

4. 为什么说可口可乐赞助奥运会是一个成功的案例？请根据提示复述。

<table>
<tr><th>结构</th><th colspan="2">参考词语</th></tr>
<tr><td>总说</td><td colspan="2">长期且稳定的赞助关系、商业利益、品牌发展、动力</td></tr>
<tr><td rowspan="2">分说</td><td>商业利益的角度</td><td>带来、销量增长、顶级赞助商、曝光机会、深入人心</td></tr>
<tr><td>品牌建设的角度</td><td>品牌形象建设、显著成效、借助……平台、营销活动、传递、品牌价值观、进一步巩固、品牌形象、吸引、潜在消费者、有助于、市场竞争力、有效提升、品牌的价值</td></tr>
<tr><td>总结</td><td colspan="2">总的来说、体育营销、成功案例、知名度和影响力、商业利益和品牌建设</td></tr>
</table>

听后讨论

1. 除了可口可乐，你还知道哪些品牌是奥运会的赞助商？

2. 赞助是体育营销的常见手段，很多企业使用过这一方式，有的成功，有的失败。请查找并介绍一个体育赞助案例，说说该赞助成功 / 失败的具体表现。

课文 2 加多宝成功赞助《中国好声音》

词语表

06-04

1. 引进 yǐnjìn 动
公司打算从海外引进一位高级管理人才。
2. 收视率 shōushìlǜ 名
北京冬奥会开幕式的收视率超越了往届。
3. 火爆 huǒbào 形
春节期间旅游市场非常火爆。
4. 冠名 guàn//míng 动
今年这家公司再次独家冠名湖南卫视春晚。
5. 本草 běncǎo 名
多认识一种本草，就多一份健康。
6. 大幅 dàfú 副
冬季轮胎销量大幅下跌。

7. 重合　chónghé　动

因日程安排重合，我们公司总裁将缺席达沃斯论坛。

8. 正宗　zhèngzōng　形

这家餐馆的桂林米粉是本地最正宗的，生意非常红火。

9. 口碑　kǒubēi　名

到目前为止，几部新片中口碑最好的就是这部。

10. 斥　chì　动

政府将斥巨资组织修建博物馆。

11. 理念　lǐniàn　名

这两家公司的经营理念完全不同，很难一起合作。

12. 珠联璧合　zhūlián-bìhé　成语

中西建筑风格在这里真是珠联璧合。

专有名词

中国好声音　Zhōngguó Hǎoshēngyīn

中国的一档音乐综艺节目，以歌唱比赛为内容。

听前练习

（一）词语连线。

独家	巨资
大幅	火爆
销售	冠名
存在	减少
斥	重合

（二）听句子，用所给的结构复述。06-05

1. 加多宝集团是一家……企业，该公司生产的……采用……配制，具有……的功能。

____

2. 通过对《中国好声音》的……，加多宝红罐凉茶的……在……实现了……，加多宝的……得到了……。

____

3. 加多宝当时选择……冠名《中国好声音》，正是因为节目的……与加多宝的……相契合，……《中国好声音》可谓……。

____

听录音，做练习 06-06

（一）选择正确答案。

1. 关于《中国好声音》，下面哪句话不正确？（ ）

A. 是浙江卫视的一个节目　　B. 是从荷兰引进的节目

C. 第一季收视率最高的时候达到 3%　　D. 第一季播出时是当时最火爆的节目之一

2. 加多宝赞助《中国好声音》的方式是哪一种？（ ）

A. 特约赞助　　B. 冠名赞助　　C. 礼品赞助　　D. 嘉宾赞助

3. 下面哪类人可能是加多宝的主要消费群体？（ ）

A. 中小学生　　B. 年轻白领　　C. 中年女性　　D. 退休老人

4. 加多宝宣扬的品牌文化是什么？（ ）

A. 中国凉茶文化　　B. 民族情怀

C. 社会正能量　　D. 以上都对

5. 下面哪种营销方式在加多宝的案例中没有提到？（ ）

A. 活动营销　　B. 绿色营销　　C. 网络营销　　D. 社交营销

（二）**回答问题。**

1. 通过对《中国好声音》的赞助，加多宝得到了什么好处？

____

____

____

2. 加多宝品牌和《中国好声音》存在哪些重合？

（1）__________和__________重合。

（2）__________和__________重合。

（3）__________和__________重合。

3. 除了品牌和《中国好声音》存在重合以外，加多宝赞助《中国好声音》成功的因素还有哪些？

____

____

____

4. 请根据提示，用自己的话总结一下加多宝赞助《中国好声音》成功的原因和经验。

结构	参考词语
首先	重合
第一	消费群体、观众群体
第二	品牌文化、文化底蕴
第三	口碑、以……作为口号、……与……契合、珠联璧合
其次	多元化；不仅仅……，同时……，实现……配合

听后讨论

通过加多宝的成功案例，我们可以知道合适的赞助对象对企业来说至关重要。请从下列企业中选择一类，说说它适合赞助什么类型的活动，可以采用哪种赞助方式。请从企业本身的特点和赞助活动的特点两个方面综合考虑。

企业：电信企业、食品饮料企业、运动服装企业、奢侈品企业、珠宝企业、图书出版公司、网络公司、酒店、汽车公司、家具公司

赞助方式：冠名赞助、产品或服务赞助（如指定产品赞助、服装赞助、礼品赞助、场地赞助、活动奖品赞助等）

第3部分 综合实践

任务：案例分析——商业赞助

要求

1. 选择一个成功 / 失败的商业赞助案例。

2. 描述该赞助方案的基本信息（如赞助双方概况、赞助方式、赞助金额、赞助方得到的权益等）。

3. 结合赞助效果分析该赞助案例成功 / 失败的原因。

第七讲 商业谈判

商业谈判是商业交易双方（或多方）之间进行的一种交流和协商活动，目的是就商业交易的条件达成一致意见。商业谈判通常涉及价格、质量、数量、交货期、付款方式等关键因素，同时也可能涉及其他商业条款和条件。

商业谈判成功与否取决于谈判双方的能力和技巧，包括了解市场和竞争对手、制订谈判策略、运用良好的沟通技巧、掌握心理学知识、熟悉合同和法律知识等。

学习目标

1. **能听懂谈判内容，识别谈判各方的目的、诉求、条件等信息。**
2. **能说服对方接受己方条件。能运用条件换条件、适时让步等技巧进行商业谈判。**

第 1 部分 热身

有人说，谈判的一个重要技巧是“条件换条件”。谈判中，我们经常会陷入面对对方的请求答应也不好、不答应也不好的境地，但是如果你在答应的同时，提一个先决条件，就可以让对方考虑让步，化被动为主动。

请利用这个技巧，解决下列问题：

（1）客户的工厂要求你将所售卖的大型设备的保修期延长两年，你认为目前的保修期已经很长了，无法同意对方的要求。

（2）客户提出所购买服装的售价再降低 2% 的要求，你无法接受这一要求。

（3）房东提出租金付三押三，你希望的是付三押一。

第2部分 听与说

课文 1 电脑购置价格谈判

词语表

07-01

1. 谈判　tánpàn　动

在谈判过程中，有时候双方应该互相让步。

2. 单价　dānjià　名

这款网球鞋很受年轻人欢迎，现在的单价是 400 元。

3. 市价　shìjià　名

由于该产品产量小，因此市价不断上涨。

4. 预算　yùsuàn　名

杭州最近在开发一个大工程，预算近 110 亿。

5. 诚意　chéngyì　名

由于对方毫无诚意，贸易谈判难以继续下去。

6. 财务　cáiwù　名

受市场环境影响，这家公司的财务危机十分严重。

7. 共识　gòngshí　名

大会就采取气候行动的紧迫性达成了共识。

8. 请示　qǐngshì　动

这个问题，还得向领导请示以后才能决定。

9. 请便　qǐngbiàn　动

我不愿意去，你要是想去，那就请便吧。

10. 付清　fùqīng　动

购买材料的货款已经全部付清。

11. 分期付款　fēnqī fùkuǎn

由于积蓄不多，他想通过分期付款的方式购车。

12. 忠诚度　zhōngchéngdù　名

根据报告，这一中国品牌已经获得了较高的客户忠诚度和认可度。

13. 首付　shǒufù　名

银川开展为期半个月的购房促销活动，首套房最低首付比例下调至 20%。

听前练习

（一）选词填空。

谈判　市价　预算　忠诚度　请示　共识　首付　分期付款

1. 遇到重大问题，必须及时向领导（　　　　）汇报。
2. 由于对方毫不让步，（　　　　）一度中断。
3. 为确保项目顺利推进，本次商务活动（　　　　）为 100 万元。
4. 这辆车是分期付款买的，（　　　　）是 5 万，以后每月还款 2000 元。
5. 经过多方协调沟通，他们最终达成了（　　　　）。
6. 由于经济条件有限，他无法一次性支付这么多钱，所以选择了（　　　　）。
7. 最近汽车价格不断下降，不包括电动车窗、皮饰等配置的微型车（　　　　）仅为 3 万元左右。
8. 如何提高员工对企业的归属感和（　　　　），已经成为企业人力资源管理的重要课题。

（二）听句子，找出每组两个句子中共同的词语或者结构。 07-02

第一组：

第二组：

____

第三组：

____

听录音，做练习

07-03

（一）判断正误。

1. A 款电脑打八五折后的价格是 2378.3 元。（　　）

2. 学校打算购买 B 款电脑。（　　）

3. 李经理说“B 款的价格已经很优惠了”，他是在委婉地表示不能再便宜了。（　　）

4. “再降 5 个点”的意思是再便宜 500 元。（　　）

5. 最后，学校决定购买 80 台 B 款电脑，付款方式为分期付款，首付是总货款的 50%。（　　）

（二）回答问题。

1. 对于陈主任“再便宜一点儿”的要求，李经理是直接答复的吗？他是怎么回答的？

____

____

____

2. 对于陈主任“再降 5 个点”的要求，李经理是什么态度？陈主任又是怎么应对的？

____

____

____

3. 关于李经理要求的付款方式，陈主任能接受吗？他是如何跟李经理沟通的？
（参考词语：调钱、主流市场、选购、免费广告、销量、品牌忠诚度、损失、信用）

真的没办法，原因：

↓

如果合作成功，好处：

如果放弃合作，坏处：

↓

再说，

听后讨论

在这次谈判中，李经理似乎一直在做让步，这次价格谈判他是不是失败了？请说说你的观点。

课文 2 投资谈判

词语表

07-04

1. 投资 tóu//zī 动

投资股票前要切实了解公司的经营情况。

2. 销售额 xiāoshòu'é 名

今年中国零售市场网购销售额为 5.5 万亿元。

3. 稳步 wěnbù 副

瑞士手表的出口量在今年上半年一直稳步增长。

4. 出让 chūràng 动

086 号地块位于仙宁区红山路以西，出让面积 20.5 万平方米。

5. 股份 gǔfèn 名

他持有深圳比亚迪公司的部分股份。

6. 前景 qiánjǐng 名

按照规划，这里将建设成步行街，商业前景不可限量。

7. 占股 zhàn gǔ

公司成立时，他出资 5000 万，占股 31%。

8. 季度 jìdù 名

由于上季度营业额大幅增长，公司给员工发了不少奖金。

9. 推算 tuīsuàn 动

中国汽车工业协会根据重点企业上报的周报数据推算，4 月汽车行业销量预计完成 117.1 万辆。

10. 考核 kǎohé 动

经考核，人事部决定录取王明为我公司正式员工。

11. 最低值 zuìdīzhí 名

韩国统计厅数据显示，韩国第三季度生育率再次刷新历史最低值。

12. 因素 yīnsù 名

公司生产经营受季节性因素影响较小，目前各项主要业务基本正常。

13. 估值　　gū zhí

截至 10 月份，物业板块的估值已跌至历史最低值。

14. 兜圈子　　dōu quānzi

他是一个很单纯的人，说话很直接，不会兜圈子。

听前练习

（一）选词填空。

投资　前景　出让　推算　考核　因素　稳步　兜圈子

1. 山西众和公司计划（　　　　）21% 的股份。
2. 从（　　　　）期限来看，已发行的养老理财产品期限多为 5 年。
3. 近年来，乡村休闲旅游业（　　　　）发展，今年的营业收入超过 7000 亿元。
4. 中国经济发展的（　　　　）十分喜人。
5. 根据 4 月和 5 月的经济数据，他们（　　　　）出了第二季度的经济增长率。
6. 培训班结束前，要（　　　　）学员们的业务水平。
7. 受欧洲能源危机等（　　　　）的影响，欧洲纺纱工厂的竞争力有所削弱。
8. 你就别跟我（　　　　）了，直接告诉我吧。

（二）听句子，用所给的结构复述。 07-05

1. 开丽这几年的销售额……，明年进入欧洲市场后，……。投资我们公司，……。你们投资 8000 万，我们……。

____

2. 我们调查了……，根据这个数据……，与贵方提供的数据……！

____

3. 我们把这个季度的数字……，考虑到……，按 300% 算，计算出的结果……。

____

听录音，做练习 07-06

（一）选择正确答案。

1. 从对话的开头可以知道，天乐资本和开丽公司主要在哪个方面没有达成共识？（　　）

A. 投资金额　　B. 投资方式　　C. 投资期限　　D. 占股比例

2. 王总为什么说“不必浪费大家的时间了”？（　　）

A. 觉得这件事情很浪费时间　　B. 认为时间很宝贵，要赶快开始谈判

C. 表示不想继续谈了　　D. 建议要加快速度

3. 天乐资本为什么调查开丽公司的销售数据？（　　）

A. 想计算产品的平均价格　　B. 想了解该公司的销售情况

C. 想故意为难王总　　D. 想评估该公司的价值

4. 徐经理说“都谈了一下午了，您说呢”，他的话是什么意思？（　　）

A. 他已经说了一个下午，现在轮到对方说话。

B. 谈了一个下午，对方都没说什么重要的。

C. 已经谈了一个下午，说明他愿意合作。

D. 已经谈了一个下午，想问对方是否愿意合作。

5. 下面哪一项与课文不符？（　　）

A. 天乐资本打算投资 8000 万，要占股 30%。

B. 开丽公司愿意和天乐资本合作，是因为看到了对方的诚意。

C. 天乐资本调查到的销售情况与开丽公司提供的信息不一致。

D. 开丽公司的市场前景很好。

（二）回答问题。

1. 王总为什么对自己的公司很自信，认为投资他们公司是很明智的选择？

这几年：______

明年：______

2. 徐经理为什么说“究竟是谁在浪费时间”？

______

______

______

3. 请根据所给词语说说徐经理是怎么证明开丽公司估值有问题的。

这个季度　销售数据　最低值　节假日　上升因素　300%　不及

天乐资本调查和推算的数据　VS　开丽公司的数据

______

______

______

听后讨论

请预测天乐资本和开丽公司的谈判结果，并说明理由。

第3部分 综合实践

任务：角色扮演——商业谈判

要求

1. 两人一组，角色如下：

A 同学：你是某饮料公司的市场部经理，想请某位名人作为产品的代言人。

B 同学：你是某位名人的经纪人，负责处理其商业合作事务。

注：饮料产品及名人可自行选择。

2. 谈判需协商确定：代言费、代言内容（代言产品、代言活动等）、代言时长等。

3. 运用条件换条件、适时让步等技巧进行谈判。

4. 向全班同学报告合作方案，包括代言费、代言内容、代言时长等。

第八讲 招标与投标

招标是指招标人（买方）发出招标公告或招标单，邀请投标人（卖方）参加投标的行为。这是一种公开的市场交易行为，目的是通过竞争择优成交。招标过程一般包括发布招标公告、投标、开标、评标和定标等阶段。

投标是指投标人应招标人的邀请，按照招标文件的要求，以中标为目的在规定的时间和地点主动向招标人递交投标文件的行为。

学习目标

1. 能听懂招标要求和投标方案介绍。

2. 掌握在竞标现场阐述投标方案的技巧。

第 1 部分 热身

1. 请在下图中分别指出招标人和投标人，并把词语和对应的意思连起来。

招标	（投标者）互相竞争以获取项目
投标	买方评审、比较项目
开标	（投标者）获得项目
竞标	卖方报名参加项目竞争
中标	公开宣布投标人的信息
评标	邀请卖方参加投标

2. 下面的招标公告提到了哪些方面的信息？

□招标人　□招标项目　□报名时间　□开标形式　□产品质量要求

□报价要求　□投标人资质　□评标方式　□评标人

海通市第一小学校服采购招标公告

为进一步加强学生服装采购管理工作，展现学校风貌，我校将采用公开招标的方式采购未来三年的学生校服。现将有关事项公告如下：

1. 项目名称：海通市第一小学学生校服采购项目

2. 报名：

（1）报名截止时间：2023 年 9 月 25 日下午 3:00。

（2）报名地点：海通市第一小学行政楼 608 室。

（3）报名时请携带企业法人营业执照复印件，查验合格后购买《招标书》。《招标书》购买费用为人民币 200 元。

3. 投标人资质要求：

（1）具有独立法人资格，拥有合法经营证照。

（2）是所投产品的合格生产商，具备良好的售后服务能力。

4. 投标与开标：

（1）递交投标书截止时间：2023 年 10 月 15 日下午 2:30 前送达开标地点。

（2）开标时间：2023 年 10 月 15 日下午 3:00。

（3）开标地点：海通市第一小学 301 会议室。

（4）开标形式：公开竞标，由各投标人依次宣读各自投标书中列明的方案和报价。

5. 投标文件要求：见《招标书》规定。

6. 联系人：刘老师；联系电话：13966563378。

招标人：海通市第一小学

2023 年 9 月 2 日

请思考：假设你有一家专门销售校服的公司，公告中没有提到的方面，你会如何向招标学校提问？

第 2 部分 听与说

课文 1 标前咨询

词语表 08-01

1. 投标 tóu//biāo 动
有 11 家企业参加了华鼎大厦节能改造项目的投标。
2. 资质 zīzhì 名
本次采购要求投标人具有文物保护工程监理资质。
3. 法人 fǎrén 名
本次招标要求投标人必须是独立的公司法人。
4. 营业执照 yíngyè zhízhào
据报道，微信和支付宝都上线了办理营业执照的功能。
5. 税务登记证 shuìwù dēngjìzhèng
青岛已实行税务登记证电子化。
6. 组织机构代码证 zǔzhī jīgòu dàimǎzhèng
现在，单位办理组织机构代码证可以即办即取。
7. 招标 zhāo//biāo 动
本市房地产管理局昨日发布了项目招标公告。
8. 授权 shòuquán 动
小说改编成电影要得到作者授权。
9. 经销商 jīngxiāoshāng 名
锦龙汽车集团是一汽红旗品牌的授权经销商。
10. 招标书 zhāobiāoshū 名
业主按照规定条件发布招标书，邀请投标人投标。

11. 视同　　shìtóng　　动

本场活动电子签名将视同本人到场签名。

12. 投标书　　tóubiāoshū　　名

该公司已收到 13 份关于海水淡化项目的投标书。

13. 业绩　　yèjì　　名

这几年公司业绩持续增长，不断创造新的销售纪录。

14. 报价　　bàojià　　动

今日云南白糖报价 5700 元 / 吨。

15. 恶意　　èyì　　名

有些企业不考虑成本因素而一味压低价格，形成了恶意低价竞争。

16. 中标　　zhòng//biāo　　动

这个 1.08 亿的景观设计项目招标结果已公示，绿园设计公司成功中标。

17. 评标　　píngbiāo　　动

评标工作已经结束，中标结果近期公布。

听前练习

（一）选词填空。

资质　报价　投标　经销商　授权　中标　视同　恶意

1. 个别品牌（　　　　）低价竞争，影响了整个行业的健康发展。

2. 聘用无（　　　　）外教，幼儿园应该承担责任。

3. 有一些意大利品牌通过过去几年的参展，已经同中国的一些（　　　　）建立了合作。

4. 专家指出，不能把心理问题（　　　　）精神病。

5. 经过激烈的竞争，中国中铁近期在一项 120 亿元的重大工程项目中（　　　　）。

6. 该公司已成为苹果公司的官方（　　　　）经销商。

7. 该房源 6 月 24 日上架时（　　　　）为 730 万元。

8. 本项目进行公开招标，欢迎有资质的单位（　　　　　）。

（二）听句子，用所给的结构复述。 08-02

1. 我们公司对……很感兴趣，打算……，有些问题……。

____

2. 如果是服装生产厂家的……，就视同……，所以您可以……。不过，必须……出具……。

____

3. 我们欢迎……的企业……，你们可以将……放到投标书中。

____

听录音，做练习

08-03

（一）判断正误。

1. 电话是艾迪公司经理王刚打给学校的。（　　）
2. 回应者是海通市第一小学的刘老师。（　　）
3. 公司法人必须拥有经营许可证、税务登记证和组织机构代码证。（　　）
4. 卓伟服装公司是“艾迪”品牌的授权经销商。（　　）
5. 这次评标采用最低价中标的办法。（　　）

（二）回答问题。

1. 海通市第一小学对投标人的资质有什么要求？

____

____

____

2. 海通市第一小学对投标报价的具体要求是什么？

____

____

____

3. 海通市第一小学对校服的品牌有什么要求？

____

____

____

4. 这次评标将主要考察哪些方面？如何确定中标人？

除了__________以外，我们着重考察__________、投标人的______________、______________水平。

评标时由__________逐项进行______________，____________才是中标人。

听后讨论

在你看来，投标人在投标前详细了解招标要求有什么好处？

课文 2 竞标现场阐述投标方案

词语表 08-04

1. 竞标 jìng//biāo 动

竞标过程中，我们公司以高质量的方案和透明的报价赢得了客户的信任。

2. 阐述 chǎnshù 动

竞标会上，各家企业代表纷纷上台阐述自己的方案，气氛紧张而热烈。

3. 定制 dìngzhì 动

私人定制服装行业的市场前景很好。

4. 稳居 wěnjū 动

凭借卓越的产品性能和精准的市场定位，我们公司在行业中的市场份额稳居第一。

5. 首选 shǒuxuǎn 动

海南已成为春节期间不少人的首选旅游度假目的地。

6. 醒目 xǐngmù 形

这款服装颜色醒目，款式时尚。

7. 拉链 lāliàn 名

拉链是衣物上最常见的配件之一。

8. 平口 píng kǒu

平口裤脚的宽松运动裤最受学生欢迎。

9. 反光材料 fǎnguāng cáiliào

环卫工人的工作服上使用了反光材料。

10. 预付款 yùfùkuǎn 名

小王找了一家装修公司，支付了20%的工程预付款。

11. 保证金 bǎozhèngjīn 名

消费者要在装修合同约定的总价中预留5%～10%作为质量保证金。

12. 库存 kùcún 名

保持合理的库存并不是一件容易的事。

听前练习

（一）选词填空。

阐述　醒目　竞标　首选　保证金　定制　库存　预付款

1. 彩色的交通标志颜色更加鲜艳，也更加（　　　　）。
2. 在以消费者为核心的今天，服装（　　　　）已是全新模式。
3. 在项目启动会议上，项目经理详细（　　　　）了项目的目标、计划和预期成果。
4. 今年开始旅行社须交旅游质量（　　　　）。
5. 红西凤酒的形象已深入人心，成为高端宴会的（　　　　）品牌。
6. 公司需要定期检查（　　　　）情况，避免因缺货而影响销售。
7. 王某两天前向商家支付了 6000 元（　　　　），商家承诺 30 天之内发货。
8.（　　　　）过程中，我们团队充分展示了产品的优势和市场潜力，赢得了客户的高度认可。

（二）听句子，找出每组两个句子中共同的词语或者结构。08-05

第一组：

____

第二组：

____

第三组：

____

听录音，做练习 08-06

（一）选择正确答案。

1. 关于“艾迪”品牌，下面哪一项是正确的？（　　）

A. 是一个生产时尚服装的知名品牌　　B. 为八十多所中小学供应各式校服

C. 是卓伟服装公司代理的品牌　　D. 在时尚类服装市场中市场占有率第一

2. 校服在什么地方采用了深蓝色？（　　）

A. 前胸和后背　　B. 裤子和衣袖　　C. 裤子和后背　　D. 前胸和衣袖

3. 校服的设计方案没提到下面哪一项？（　　）

A. 裤脚　　B. 口袋　　C. 衣领　　D. 拉链

4. 这款校服的安全性体现在哪些方面？（　　）

A. 采用了三种颜色　　B. 校服的面料选择很严格

C. 校服为运动服款式　　D. 在衣袖的侧线条上增加了反光材料

5. 投标人宣读的商务条款中提到了以下哪些方面？（　　）

A. 付款方式　　B. 产品价格

C. 交货期和售后服务　　D. 以上都是

（二）回答问题。

1. 根据提示，说一说投标人介绍的“艾迪”品牌有什么优势。

（提示：知名、定制类服装市场份额、为……供应、获得……好评、首选）

____

____

____

2. 投标人介绍的校服具有哪三个特点？为什么这么说？

特点	理由

3. 根据课文中的商务条款内容填空。

价格	春秋款单价______元 / 套，秋冬款单价______元 / 套，投标总价______万元整。
付款方式	招标人向我方先行支付________的预付款，交货前支付________的货款，余下________作为质量保证金，在交货后________个月内付清。
交货	在双方签订合同后的________交至学校，运费由________承担。
售后服务	交货后________内，若有质量问题无条件________换新。 交货后________内，我方承诺将保持该校服的________，供师生随时按照________购买。

听后讨论

除了宣读商务条款外，投标人在竞标现场主要展示了服装的品牌地位及所设计的校服的特点。如果你是招标人，你对该投标人提供的校服感兴趣吗？

3 ～ 5 人一组，每个人先陈述理由（可以从产品质量、投标人的实力与业绩、售后服务水平等方面说明），然后投票决定卓伟服装公司是否中标。

第 3 部分 综合实践

任务： 角色扮演——阐述投标方案

要求

1. 角色：

你们小组是一家校服生产商的负责人，也来参加海通市第一小学的校服招标活动。其他同学作为评标小组成员，认真倾听所有小组的投标方案。

2. 每组根据海通市第一小学的招标要求，讨论确定投标方案。

3. 每组从品牌及产品介绍、投标的商务条款等方面阐述投标方案。

4. 评标：全班同学投票选出一家中标企业。

第九讲 企业文化

企业文化是企业在长期经营和发展过程中形成的、被广大员工所接受和认同的价值观、行为准则和经营理念等。企业文化通常代表了企业的形象、品牌和核心竞争力，是企业管理的重要组成部分。

学习目标

1. 能听懂人力资源管理、经营理念、价值观等信息，可以归纳出企业文化。

2. 掌握从多个方面介绍企业文化的表达方法。

第 1 部分 热身

1. 请根据下面的材料及你对华为的了解，说说华为的企业文化。

（1）七十多岁的华为创始人任正非不小心成了网红。近期，一张任正非独自在上海虹桥机场排队等出租车的照片在微博和微信朋友圈引发热议。

（2）华为是一家 100% 由员工持有的民营企业。华为通过工会实行员工持股计划，截至 2018 年 12 月 31 日，员工持股计划参与人数达 96,768 人，参与人仅为公司员工，没有任何政府部门、机构持有华为股权。

2. 了解一家企业的文化可以通过多种渠道。如果你对某家公司的企业文化非常感兴趣，你会如何了解这家公司的企业文化？

第 2 部分 听与说

课文 1 立白集团的企业文化

词语表

09-01

1. 成就 chéngjiù 动

员工组建了公司，成就了公司。

2. 构建 gòujiàn 动

上海自贸区挂牌，构建面向全球的竞争新优势。

3. 和谐 héxié 形

在商务活动中，建立和谐的关系是至关重要的。

4. 秘诀 mìjué 名

在商业领域，成功商人的秘诀是什么？

5. 流失率 liúshīlǜ 名

谷歌公司的员工流失率很低。

6. 粉尘 fěnchén 名

空气中的粉尘对身体有害。

7. 全方位 quánfāngwèi 名

我们公司致力于为客户提供全方位的服务，从售前到售后，每个细节都力求完美。

8. 老大难 lǎo-dà-nán 形

员工流失率高是企业的老大难问题。

9. 开……先河 kāi…xiānhé

成都向困难群体发放消费券，开了国内先河。

专有名词

1. 立白集团　　Lìbái Jítuán

全称广州立白企业集团有限公司，主营日化产品。

2. 番禺　　Pānyú

广东省广州市市辖区，位于广州市东南部。

3. 立白（番禺）有限公司　　Lìbái（Pānyú）Yǒuxiàn Gōngsī

立白集团旗下的一家企业。

听前练习

（一）选词填空。

成就　构建　开……先河　全方位　和谐　流失率　老大难　粉尘

1. 湖北尚一特连锁酒店（　　　　）了酒店加盟的（　　　　），领衔连锁酒店发展新方向。

2. 安康火车站实行差异化服务，为旅客（　　　　）黄金周的"快车道"。

3. 自从有了微博等社交网站，开心网等网站的用户（　　　　）非常高。

4. 楼房拆迁时会有噪声和（　　　　），这会影响周围居民的生活。

5. 这款智能手环提供了（　　　　）的健康监测功能，包括心率、血压、压力等多个指标。

6. 部分住宅暖气温度低是北方城市的（　　　　）问题。

7. 团队的共同努力，（　　　　）了这次商务项目的圆满成功。

8.（　　　　）的氛围让团队沟通无障碍，决策更加迅速。

（二）听句子，用所给的结构复述。 09-02

1. 广州立白集团在长期的……中，把……作为企业文化的……，构建起……的企业文化，使企业获得了……的发展。

____

2. 集团负责人告诉记者，除了……会引进外，立白……主要通过……产生，把机会……。

____

3. 特别是洗衣粉包装车间……，影响员工健康，对于这一业内……，立白……，使车间达到无尘化，……。

____

听录音，做练习

09-03

（一）选择正确答案。

1. 立白集团企业文化的核心是什么？（　　）

   A. 责任、关爱　　B. 长期、稳定

   C. 和谐、健康　　D. 快乐、友爱

2. 下面哪一项不是立白集团番禺生产基地员工的特点？（　　）

   A. 员工比较多　　B. 90% 的员工来自同一个地方

   C. 员工非常年轻　　D. 员工流失率低

3. 下面哪一项是立白集团所处的行业最难解决的问题？（　　）

   A. 废水　　B. 噪声　　C. 粉尘　　D. 尾气

4. 立白集团在哪个方面开了国内先河？（　　）

   A. 把机会留给自己的员工　　B. 厂区非常环保

   C. 洗衣粉生产车间达到无尘化　　D. 花巨资处理废水

5. 根据课文，下面关于立白集团的说法哪一项不正确？（　　）

   A. 这几年很多企业遭遇“招工难”，但立白集团是个例外。

   B. 企业大部分人才从外部引进，少部分人才通过内部培养产生。

   C. 企业在生产、生活环境方面很舍得投入。

   D. 企业和员工之间已形成良性互动。

（二）回答问题。

1. 立白集团的理念是什么？如何理解这个理念？

____

____

____

2. 根据课文，请具体说说立白集团是如何真正关怀员工的。

（1）发展机会：

____

（2）生产环境、生活环境：

____

3. 课文最后提到了“这是一个良性的互动”，如何理解这句话？

____

____

____

4. 请根据提示总结立白集团企业文化的特点，并代表立白集团向新入职的员工做介绍。

企业文化

- 把……作为核心
- 和谐、健康

经营理念

- “百年……、百年……、终身……”
- 希望

关怀员工

- 发展机会
- 生产环境、生活环境

总结

- 发展、实惠、积极、再发展
- 良性互动

____

____

____

听后讨论

请跟你的同伴讨论以下案例分别从哪个方面体现了企业文化。

价值观	经营理念	营销策略	人力资源管理
仪式 / 企业活动	福利待遇	企业代表符号	

1. 耐克的个性化与运动员精神营销。

____

2. 苹果公司的商标是咬了一口的苹果。

____

3. 阿里巴巴的使命是“让天下没有难做的生意”。

____

4. 华为公司推出新员工入职 180 天详细培训计划。

____

5. 宜家公司提出“人人都是重要的”的平等理念，创始人鼓励员工直呼其名。

____

6. 谷歌公司员工去世后其配偶在未来 10 年能享受去世员工 50% 的薪酬。

____

7. 腾讯公司生日（11 月 11 日）这一天，所有腾讯人都会穿上由自己同事设计的充满腾讯特色的文化衫。

____

课文 2　谷歌式的高福利

词语表　09-04

1. 认同　rèntóng　动

这个品牌通过讲故事打动消费者，提升了品牌认同感。

2. 抚恤金　fǔxùjīn　名

2023 年 1 月 1 日起，山西调整了因工死亡职工供养亲属的抚恤金标准。

3. 雇员　gùyuán　名

一季度，腾讯的雇员数量持续增长。

4. 归属感　guīshǔgǎn　名

当游客有了归属感，自然会对旅行目的地产生强烈的认同感。

5. 抚慰　fǔwèi　动

因银行疏忽导致客户身份证被盗用而出现不良信用记录，银行应赔偿客户精神抚慰金。

6. 丰厚　fēnghòu　形

有些体育比赛的奖金非常丰厚。

7. 鲜　xiǎn

国庆长假，厦门景区的门票鲜有打折。

8. 匹敌　pǐdí　动

华为将在海外发布一款可与苹果、三星匹敌的高端智能机。

9. 筹码　chóumǎ　名

向高层次人才发放住房补贴是吸引人才的一大筹码。

10. 雇主　gùzhǔ　名

这家公司待遇丰厚，一直是求职者心目中的最佳雇主。

专有名词

1. 谷歌　Gǔgē

Google，美国的一家高科技公司。

2.《财富》 《Cáifù》

Fortune，美国的一本主要刊登经济问题研究文章的杂志。

听前练习

（一）选词填空。

认同　匹敌　筹码　归属感　鲜　雇员　丰厚　抚慰

1. 人工智能专业的职业前景是非常广阔的，而且待遇也是相当（　　　　）的。
2. 一加手机在国外知名度非常高，在国内却（　　　　）有人知。
3. 对有实力的企业来说，拥有一批"员工房"，一方面可以作为公司吸引人才的（　　　　），另一方面还可以轻松解决员工居住难题。
4. 华为客户服务中心春节期间每天提供 24 小时服务保障，不仅能及时响应用户的手机修理需求，还为客户提供礼品，这样的春节心灵（　　　　）太温暖了。
5.《我的世界》销量达 1.76 亿，历史上只有两款游戏能与之（　　　　）。
6. 企业给人才创造良好的环境，让他们有认同感和（　　　　），他们才会愿意留下来。
7. 在商务合作中，我们高度（　　　　）双赢的理念，共同推动项目进展。
8.随着新能源汽车行业的快速发展，比亚迪的（　　　　）数量已经跃居国内民营企业之首。

（二）听句子，用所给的结构复述。 09-05

1. 除此之外，谷歌还会向去世员工的未成年子女……，每名未成年子女……，直到他们……时为止。

____

2.《福布斯》专栏作家评论说，此项福利显然……，毫无疑问会……。不过，他也表示，这项福利有助于提升……，会大大提升员工……。

____

3. 有分析称，这项超级福利经传播后，将成为……。目前谷歌人力资源部门每年……，平均每分钟……，这就是……。

____

听录音，做练习 09-06

（一）判断正误。

1. 重视员工的福利待遇，是吸引人才和建设企业文化的重要方面。（　　）
2. 在谷歌，公司员工都可以带宠物狗一起上班。（　　）
3. 谷歌向员工提供了令人羡慕的福利待遇，很少有公司能跟谷歌相比。（　　）
4. 谷歌新增的福利对谷歌吸引全球人才有很大的帮助。（　　）
5. 谷歌是第一次在《财富》杂志评选的100家最佳雇主排行榜上排名第一。（　　）

（二）回答问题。

1. 谷歌公司新增的福利待遇是什么？

____

____

____

2. 哪些员工能享受到这项新增的福利？

____

____

____

3. 这项新增福利的好处和坏处分别是什么？请根据提示说一说。

好处	坏处
1. 有助于________公司员工及其家人对谷歌的________和________。 2. 会大大________员工对谷歌的________。 3. 能为去世员工的家人带来________和________。	成本

4. 课文是如何证明谷歌有吸引力的？

____

____

____

听后讨论

请两人一组，讨论并总结一下良好的企业文化有哪些作用。

第3部分 综合实践

任务： 案例分析——企业文化

要求

1. 选择一家你感兴趣的企业，对这家企业的文化进行考察分析。

2. 简单介绍该企业及其主要的企业文化。

3. 请从以下方面中选择一到两个，通过具体案例，详细介绍该企业的文化。

价值观、经营理念、营销策略、人力资源管理、仪式/企业活动、福利待遇、企业代表符号

4. 你是否认同这家企业的文化？请谈谈你的看法。

第十讲 创业与融资

外国人在中国创业需要了解中国的市场和行业环境，包括消费者需求、竞争态势、政策法规等，这有助于制订合适的商业计划和市场策略。

在创业过程中，融资是非常重要的一个环节。要成功获得融资，需要做好充分的准备和规划，包括制订优秀的商业计划书、寻找合适的投资人、建立良好的沟通、展现企业的市场价值和潜力等。

学习目标

1. 能听懂创业过程及融资路演案例。

2. 掌握向投资人介绍商业计划的技巧。

第 1 部分 热身

1. 双人活动

如果你要在中国创业，你会选择什么行业？说说你的理由。

✧ 婴幼儿用品行业

✧ 老年用品及服务业

✧ 汽车后续服务行业

✧ 美容美体行业

✧ 服装定制行业

✧ 语言服务（语言培训、翻译服务）行业

✧ 食品和餐饮业

✧ 其他

2. 以下几项是创业路上必需的步骤，请按重要程度给它们排个顺序，说说你认为哪一项最重要，并阐述原因。

□组建公司　□组织创业团队　□拟订商业计划

□扩张企业　□提出创业设想

第2部分 听与说

课文1 马克的外卖公司

词语表

10-01

1.攻读　gōngdú　动

为适应社会发展，很多人选择攻读MBA以提高自身竞争力。

2.异地他乡　yìdì tāxiāng

独自一人在异地他乡生活是一种怎样的体验？

3.萌生　méngshēng　动

面对复杂的办公室政治，马林萌生了辞职的想法。

4.蓝海　lánhǎi　名

这所学校的创始人认为，在线教育行业目前还是一片蓝海。

5.瞄准　miáo//zhǔn　动

很多外国公司瞄准中国市场，尤其是中高端消费者市场，纷纷入场布局。

6.外籍　wàijí　名

多数在华外籍人士表示中国移动支付环境非常友好。

7.区域　qūyù　名

最近这儿增设了很多自行车停放区域。

8.致力于　zhìlì yú

汇丰银行一直致力于金融服务本土化。

9.筛选　shāixuǎn　动

在通过笔试、面试、体检等层层筛选后，李伟终于成功进入了理想的公司。

10.保障　bǎozhàng　动

为保障校园食品安全，学校采取了许多有效措施。

11. 外包　　wàibāo　　动

大部分外卖平台都把送餐业务外包给了当地的配送公司。

12. 雇佣　　gùyōng　　动

公司直接雇佣和管理清洁员，同时为其提供全套培训。

13. 采纳　　cǎinà　　动

交通运输局采纳合理的意见，推进了出租汽车行业的改革。

14. 领军　　lǐngjūn　　动

我们公司已成为品牌儿童服装折扣店的领军品牌。

15. 信赖　　xìnlài　　动

该奶业公司坚守品质，赢得了消费者的信赖。

专有名词

食派士　　Shípàishì

Sherpa's，上海食派士商贸发展有限公司，主营涉外及高端在线外卖、即时配送业务，主要覆盖上海、北京、苏州及深圳等地。

听前练习

（一）词语连线。

攻读	意见
萌生	市场
采纳	想法
瞄准	安全
保障	学位

（二）听句子，用所给的结构复述。 10-02

1. 他们在餐饮服务的细分市场中找到了……，从一开始，食派士就瞄准了……，与……和……合作，将主要客户锁定为……，为他们提供……服务。

____

2. 首先，食派士严格筛选……，每家进入食派士平台的餐厅都会经过……，在……的同时也在最大程度上……。

____

3. 从最开始的……到现在……模式，食派士已经成为……领域的……品牌，赢得了……这些城市中……的信赖。

____

听录音，做练习 10-03

（一）选择正确答案。

1. 关于马克，下面哪一项是正确的？（　　）

A. 他是英国人。

B. 他在美国攻读 MBA。

C. 他很喜欢中国餐厅。

D. 他希望能为在上海的外国人带去家乡的亲切感。

2. 下面哪一类是食派士公司的目标人群？（　　）

A. 在美国生活的中国人　　B. 在中国生活的外国人

C. 低端客户　　D. 中端客户

3. 根据课文，食派士公司在哪些城市提供送餐服务？（　　）

A. 上海、苏州、杭州　　B. 上海、苏州、北京

C. 上海、杭州、北京　　D. 苏州、杭州、北京

4. 在公司发展过程中，食派士比较注重什么？（　　）

A. 扩大公司规模　　B. 关心员工　　C. 提升用户体验　　D. 树立品牌形象

5. 关于食派士合作的餐厅，下面哪一项不正确？（　　）

A. 是严格筛选出来的　　B. 食品又美味又安全

C. 主要是当地的热门餐厅　　D. 不提供中餐

（二）回答问题。

1. 马克的创业动机是什么？

______

______

______

2. 食派士外卖公司成立以后，发展情况如何？

______

______

______

3. 为了提升用户体验，食派士公司做了什么？

______

______

______

4. 根据课文及提示，用自己的话复述马克的创业故事。

创业动机 / 发现痛点	语言不通　异地他乡　待开发　萌生……想法
市场定位	瞄准　与……合作　锁定　提供……服务

解决痛点，开发市场	首先 严格筛选 保障 覆盖 各种品类 其次 双语 满足……需求 此外 与……不同 雇佣 培训 保障 同时 客服中心 采纳 根据……完善培训
运营模式	电话 网站 App O2O
市场地位	领军 赢得……信赖

听后讨论

1. 在你看来，马克为什么能在激烈的市场竞争中成功创业并保持竞争优势？

2. 小组分享：外国人在中国创业成功的案例。

课文 2 融资路演片段

词语表

10-04

1. 融资 róng//zī 动

我公司今年计划融资 170 亿元人民币。

2. 路演　lùyǎn　名

不管是线上路演还是线下路演，最终目的是投融双方的高效对接。

3. 年产值　niánchǎnzhí　名

在深圳，机器人企业年产值达 1035 亿元。

4. 融为一体　róngwéiyìtǐ　成语

这款车型将运动性、功能性和高科技巧妙地融为一体。

5. 研发　yánfā　动

一直以来，公司都很重视技术创新及产品研发。

6. 同质化　tóngzhìhuà　动

无论电商还是线下市场，产品同质化的情况都非常普遍。

7. 连锁　liánsuǒ　形

如何看待民宿发展品牌连锁化？

8. 营业额　yíngyè'é　名

这个超市开业两天营业额近 35 万。

9. 单打独斗　dāndǎ-dúdòu　成语

团队的力量很重要，靠个人单打独斗很难赢。

10. 合伙人　héhuǒrén　名

我对谭先生这个人并不是很了解，所以很难说他能否成为一个好的合伙人。

11. 成形　chéngxíng　动

经过几天的讨论，这个计划已经初步成形了。

12. 压价　yā//jià　动

运营商压价太低，厂商根本无利可图，只能去压低成本。

13. 六六大顺　liùliùdàshùn

祝你们六六大顺，更上一层楼。

听前练习

（一）选择合适的生词改写句子。

1. 在美国，维修和再制造业每年的产值高达 1000 亿美元。

____

2. 经过多次修改，这个报告已经基本完成了。

____

3. 各品牌智能手机的样子和功能都呈现出明显的类似现象。

____

4. 这项新技术对研究开发新药有重大意义。

____

5. 十一期间，游乐场生意火爆，营业收入达到 5 万～ 6 万一天。

____

6. 这些小公司将告别独自奋斗的局面，实现资源的互联互通。

____

7. 您不能再让我降低价格了，给您的价格已经很优惠了。

____

8. 他们把茶产业发展与景区旅游结合在一起，推出“茶业 + 旅游业”的观光茶园模式。

____

（二）听句子，用所给的结构复述。 10-05

1. 我们的比萨……，跟……相比，整整快了 3 分钟。目前我们……，年产值……。

____

2. 我们专注于……，因为我们要做的是……乃至……，而……这两个味型往往比……更能够……，跨越……。

____

3. 我发现中国餐饮市场……，位居……，但是……却非常低，只有……，远远低于……。这就意味着中国的餐饮业在……还有非常大的……。

____

听录音，做练习 10-06

（一）判断正误。

1. “大师比萨”已经成为中国比萨业的领导品牌，参与到国际市场的竞争中。（ ）
2. “大师比萨”同时具有美味和创新的特点，投资人很满意。（ ）
3. 这个项目一年到一年半可以收回开店的成本。（ ）
4. 这个项目产品好，建设团队好，公司也成形了，所以投资人同意投资。（ ）
5. 这个项目计划融资 500 万元，出让 8% 的股份，最终投资人投资 500 万元，占股 15%。（ ）

（二）回答问题。

1. 该项目现在的规模怎么样？

____

____

____

2. 该项目有什么竞争优势？

____

____

____

3. 该项目现在的盈利能力如何？市场空间怎么样？

____

____

____

4. 该项目的弱点是什么？项目创始人打算怎么解决这个问题？

____

____

____

听后讨论

路演的核心内容是商业计划的价值和可行性，一般可以从以下几个方面说明：

商业模式：	□项目内容	□目标客户	□盈利模式
公司现状：	□公司规模	□盈利能力	□工作团队
发展空间：	□竞争优势	□市场潜力	
融资需求：	□融资金额	□出让股份份额	

"大师比萨"的负责人在项目路演中阐述了哪些方面的内容？请你试着总结一下"大师比萨"的商业计划并报告给投资人。

第 3 部分 综合实践

任务：某创业项目的融资路演

要求

1. 找到一个外国人在中国创业成功的案例。

2. 请代表该项目的创始团队，向投资人介绍这个商业项目及其商业计划。

3. 其他同学作为投资人，边听边记录项目信息，听完就项目细节进行提问。

商业模式	项目内容	
	目标顾客	
	盈利模式	
公司现状	公司规模	
	盈利能力	
	工作团队	
发展空间	竞争优势	
	市场潜力	

（续表）

融资需求	融资金额	
	出让股份份额	

4. 选出一个最佳商业项目并陈述理由。

附录 1 听力文本

第一讲

一、课文 1 听前练习（二）

1. 很多中国人可能并没有听过这个品牌的手机，那是因为传音手机的销售不是针对中国市场，而是面向非洲。
2. 传音公司三大子品牌均进入最受非洲消费者喜爱的品牌 40 强，分别位列第 14 名、第 25 名、第 37 名，比肩宝马、百事可乐等。
3. 进入印度市场后，我们也同样针对印度消费者的诉求对产品的功能进行了差异化调整，比如增强了指纹识别功能。

二、课文 1

很多消费者可能对传音控股这家公司感到比较陌生，但传音控股是中国手机行业中不可忽视的一家企业。很多中国人可能并没有听过这个品牌的手机，那是因为传音手机的销售不是针对中国市场，而是面向非洲。目前该公司在非洲的市场份额超过 40%，被一些媒体称为“非洲手机之王”。对于公司如何开发海外市场，传音控股董事阿里夫是这样介绍的：

传音公司是 2006 年在香港成立的，是在非洲非常受消费者喜爱和信任的一家移动产品公司。我们早在 2006—2007 年的市场调研中就发现，那时候中国的手机渗透率已经超过 60% 了，但是你去非洲，100 个人里面，只有二三十个人有手机，非洲的发展机会更大。2008—2010 年这三年的时间可以说是我们公司发展最关键的一个时期，我们去非洲了解了这些消费者，了解他们有哪些问题、哪些困难、哪些痛点，然后我们做出相应的方案给他们。

比如我们发现，很多消费者都用多个手机卡，但是又买不起两个手机，我们就推出双卡的手机，后来还出了三卡和四卡的手机。消费者喜欢声音大一点儿的手机，于是我们就做一些大喇叭的手机给他们。有些国家一天有8个小时或者10个小时都是停电的，针对这种情况，我们就推出了长待机的系列产品。有的手机充一次电可以用三天，有的手机待机时间差不多有一个月左右。

2010—2012年那段时间，我们已经发展成为非洲地区最大的功能机品牌，从2012年起我们又开始专注于智能手机领域。2013—2014年我们就开始做一些新的算法，研究如何使手机拍照的效果更符合当地人的需求。

当时，传音公司主打的智能手机价格约为50～70美元。虽然市场中比我们便宜的手机多的是，但是一个产品有没有价值，比价格更重要。因此，我们又做了一个专门做售后服务的品牌Carlcare，售后中心已有1000多个。目前传音公司三大子品牌均进入最受非洲消费者喜爱的品牌40强，分别位列第14名、第25名、第37名，比肩宝马、百事可乐等。

我们的产品已经覆盖了50多个国家，2016年5月开始进入印度。进入印度市场后，我们也同样针对印度消费者的诉求对产品的功能进行了差异化调整，比如增强了指纹识别功能。

三、课文2听前练习（二）

1. 消费者选择红罐王老吉最主要的原因是对饮料的需求，然后是和其他饮料相比，饮用红罐王老吉可以减少上火的发生，即“预防上火”。
2. 如果把红罐王老吉定位为“预防上火的饮料”，既符合红罐王老吉现有用户尤其是重度用户的购买动机，能够稳固现有的市场，也有利于开发新的市场。
3. 为了更好地宣传“预防上火的饮料”这一定位，成美与加多宝市场部反复讨论沟通，最终确定了广告语“怕上火喝王老吉”，并一直沿用到现在。

四、课文2

2002年以前，加多宝公司的红色罐装王老吉在广东、浙南地区销量稳定，盈利状况良好。当时红罐王老吉虽然销售了很多年，却从未做过市场定位。红罐王老吉到底是凉茶还是饮料，企业和消费者都不清楚。产品的重度消费者是哪些人，企业也不清楚，所以无法进行有针对性的推广工作。加多宝公司希望将红罐王老吉做成中国的可口可乐，而要把企业做大，就必须解决品牌的市场定位问题，找到目标人群和竞争对手，然后再去营销。

加多宝把给红罐王老吉定位的工作交给一个叫“成美”的营销顾问公司完成。成美公司通过详细的市场调查发现，消费者选择红罐王老吉最主要的原因是对饮料的需求，然后是和其他饮料相比，饮用红罐王老吉可以减少上火的发生，即“预防上火”。如果把红罐王老吉定位为“预防上火的饮料”，既符合红罐王老吉现有用户尤其是重度用户的购买动机，能够稳固现有的市场，也有利于开发新的市场。因为几千年来在中医的影响下，“上火”的概念全中国通行，不同年龄、地区、性别的消费者都存在预防上火的需求，消费群体巨大。

这样的定位明确了红罐王老吉是饮料，竞争对手是其他饮料，目标人群是想购买饮料的大众消费人群。那么在众多饮料中，消费者为什么要购买红罐王老吉？因为王老吉是预防上火的饮料，这是王老吉独有的特色，是其他饮料不可替代的。

为了更好地宣传“预防上火的饮料”这一定位，成美与加多宝市场部反复讨论沟通，最终确定了广告语“怕上火喝王老吉”，并一直沿用到现在。2003 年广告播出以后，红罐王老吉的销量迅速提升。加多宝又花巨资购买了中央电视台 2004 年黄金广告时段，红罐王老吉在短时间内给人们留下了深刻的印象，并迅速红遍中国。

第二讲

一、课文 1 听前练习（二）

1. 作为新式茶饮的代表品牌，奈雪的茶实现了体验消费到场景消费的转变，将新式茶饮消费逐渐变成以“90 后”“00 后”为代表的年轻群体的消费习惯。
2. 跨界营销不仅玩法出人意料，能大流量吸睛，还能帮助品牌收获好感度。品牌间的跨界营销不仅可以实现资源整合，更可以使传播效果最大化。
3. 奈雪的茶和人民日报新媒体的这次跨界合作不是简单的联名出新品，还表现出了更多的文化底蕴和内涵，这种有态度、有深度的跨界营销才能真正让消费者与其建立起更深层次的情感连接，更愿意为之买单。

二、课文 1

如今，新式茶饮已经成为年轻人最青睐的饮品之一。作为新式茶饮的代表品牌，奈雪的茶实现了体验消费到场景消费的转变，将新式茶饮消费逐渐变成以“90后”“00后”为代表的年轻群体的消费习惯。

随着新一轮消费升级的到来，年轻消费者越来越注重生活的品质化、多元化，各品牌也希望能营造出更具新鲜感的消费体验，此时跨界合作成为常用的营销手段之一。跨界营销不仅玩法出人意料，能大流量吸睛，还能帮助品牌收获好感度。品牌间的跨界营销不仅可以实现资源整合，更可以使传播效果最大化。

2019年9月，奈雪的茶与人民日报新媒体联名打造的“有为青年看报喝茶”快闪店亮相北京、深圳，通过丰富的场景铺设和小油灯、老式电器等道具，高度还原二十世纪五十年代以来中国人生活环境与茶饮习惯的变化，让消费者亲身体验五六十年代“爷爷喝的茶”、七八十年代“爸爸喝的茶”，以及九十年代至二十一世纪初“我喝的茶”的场景。此次跨界合作不仅“好喝”，还“好玩儿”，同时也吸引了不少“70后”“60后”甚至“50后”客户。奈雪的茶和人民日报新媒体的这次跨界合作不是简单的联名出新品，还表现出了更多的文化底蕴和内涵，这种有态度、有深度的跨界营销才能真正让消费者与其建立起更深层次的情感连接，更愿意为之买单。

2019年10月，奈雪的茶再次主动出击，携手中国李宁，成功引起消费者的关注。作为新国潮的代表，李宁用时尚元素使品牌获得了新的生命力，打破了大众对国货老品牌的传统印象，而且带动了众多国货老品牌的崛起，成为最受年轻人欢迎的国货品牌。奈雪的茶选择跟李宁合作，既搭上了李宁这趟新国潮的列车，也使其带领新茶饮深度参与到消费者生活中，让更多消费者去主动感受中国茶文化的魅力。奈雪的茶与李宁推出联名限量礼盒、“奈雪 × 李宁”特饮等产品，赢得了消费者的一致好评。

三、课文 2 听前练习（二）

1. 本次广告投放面对中等以上城市的目标人群，希望在消费者心目中树立产品健康、天然、无添加的形象。
2. Y果汁的目标受众平时经常浏览母婴、丽人、资讯、娱乐等网站。广告公司锁定这些网站，紧跟消费者进行广告展示；同时锁定目标城市，在黄金时段投放广告。

3. 累计展现次数超过 750 万次，成功触达近 500 万目标受众，点击率近 4%，这一数据是同期无互动广告的 3 倍。

四、课文 2

作为中国果汁行业的知名品牌，Y 果汁 20 年来一直坚持走品质如一的纯果汁路线，而不是一般的果汁饮料路线。随着消费者健康意识的提升，Y 品牌的 100% 果汁适时推出“纯水果、无添加”的概念，主动满足消费者对健康的追求。

为了强化这一产品概念，Y 公司决定投放新的广告。本次广告投放面对中等以上城市的目标人群，希望在消费者心目中树立产品健康、天然、无添加的形象。Y 品牌 100% 果汁的目标人群为 25～35 周岁的年轻白领、年轻妈妈。有调查发现，她们高度关注自身与家人的饮食健康，愿意在值得信任的高品质产品上投入更多；她们在购物时注重品牌形象；她们兴趣广泛，能快速吸收新鲜资讯，也会积极参与到互动型的体验中。

Y 果汁的目标受众平时经常浏览母婴、丽人、资讯、娱乐等网站。广告公司锁定这些网站，紧跟消费者进行广告展示；同时锁定目标城市，在黄金时段投放广告。

为了让消费者能更深入地体验 Y 品牌 100% 果汁用料天然、产品健康的特点，广告公司特别设计了互动型的动画，让消费者点击鼠标“收集”水果，亲手“调制”一杯杯 Y 果汁。这种互动方式不仅让消费者对 Y 品牌 100% 果汁的天然原料和健康属性有了更直观的感受，还极大地提升了广告的趣味性与吸引力。然后切入视频广告，展现 Y 果汁天然、高营养的产品特点，进一步加深消费者对品牌的认知和记忆。感兴趣的消费者还可以点击广告，直接登录 Y 公司的官网，了解更多内容。

此次广告投放效果显著。累计展现次数超过 750 万次，成功触达近 500 万目标受众，点击率近 4%，这一数据是同期无互动广告的 3 倍。互动游戏的参与率高达 16%，充分体现了消费者对 Y 品牌的高度兴趣与积极参与的热情。这一创新的互动广告形式，有效提升了 Y 品牌的知名度和消费者好感度，促进了产品的销售。

第三讲

一、课文 1 听前练习（二）

1. 最近，我们公司代理了 A 集团旗下的一款活期理财产品鑫财宝，我觉得这款产品可能符合您的需求，您想了解一下吗？
2. 这种灵活性使得该产品成为短期资金管理的理想选择，尤其适合像您这类需要随时应对资金变动的投资者。
3. 虽然相对于一些高风险、高收益的投资产品，它的年化收益率可能略低，但对于追求稳健收益的投资者来说，它在同类产品中的收益水平仍然具有较高的吸引力。

二、课文 1

张经理：（电话铃声）李先生，您好！最近，我们公司代理了 A 集团旗下的一款活期理财产品鑫财宝，我觉得这款产品可能符合您的需求，您想了解一下吗？

李先生：张经理，您好！正好这两天我会有一笔资金到账，想购买一款存取方便的理财产品，但现在市场上理财产品种类繁多，我真是不知道如何选择。那就麻烦您具体介绍一下这款产品吧。

张经理：鑫财宝的一大优势就是周转灵活，可以随存随取。投资者可以根据自己的资金需求和投资计划，随时投入或取出资金，没有固定投资期限的限制。这种灵活性使得该产品成为短期资金管理的理想选择，尤其适合像您这类需要随时应对资金变动的投资者。

李先生：随存随取的理财产品现在也挺多的，这款产品还有什么特别之处吗？

张经理：它的第二个优势是投资限额比较高。很多活期理财产品是有限额的，对于一些有大量资金的人来说，想投还没法儿投。而鑫财宝主要针对中小企业的经营者和企业主，个人账号最多可以购买 1000 万元，企业账号有高达 5000 万元的购买额度。您资金量比较大的话，这一款是比较合适的。

李先生：嗯，这一点挺好的。那提现额度和手续费怎么计算？

张经理：您问到了它的第三个优势，它的提现额度很高，每日的快速赎回额度最高可至 70 万元，满足了投资者在紧急情况下的资金需求。而且，从鑫财宝赎回提现是不收手续费的，对于一些喜欢经常存取的投资者来说，可以大大节省提现成本。

李先生： 听起来是挺不错的。那这款产品有什么不足之处吗？

张经理： 任何产品都会有两面性。这款理财产品在提供便利的同时，也存在一些劣势。相对于同类产品来说，这款产品目前的费率会高那么一点点。

李先生： 好的，谢谢提醒。我还想问下，这款产品的年化收益率怎么样啊？

张经理： 这款产品在年化收益率方面表现稳定，而且有一定的竞争力。虽然相对于一些高风险、高收益的投资产品，它的年化收益率可能略低，但对于追求稳健收益的投资者来说，它在同类产品中的收益水平仍然具有较高的吸引力。

李先生： 张经理，非常感谢您的介绍，我觉得这款产品还是比较适合我的。等我资金到账后，我会考虑购买。

张经理： 这是我应该做的，您客气了！您有任何理财方面的需求，都可以随时问我。

李先生： 好的，再见！

张经理： 再见！

三、课文 2 听前练习（二）

1. 今天我们给大家带来的是小米电视 4A 系列的产品，这是小米电视继旗舰系列之后推出的一个全新系列的产品。
2. 我们采用了高性能的 64 位处理器，内存和闪存比市场主流的配置高了 4 ～ 8 倍，可以存放更多资源。
3. 在创业的初期，我们就有一个想法，要把高深难懂的科技化繁为简，融入价格厚道的产品中，让每个人都能享受科技的乐趣。

四、课文 2

尊敬的用户朋友们、媒体朋友们，各位嘉宾，大家下午好，欢迎来参加小米电视春季新品发布会！小米电视的梦想是做世界上最好的电视，并且让每个人都买得起。今天我们给大家带来的是小米电视 4A 系列的产品，这是小米电视继旗舰系列之后推出的一个全新系列的产品。

先来看一下外观，这个系列的产品并不是超薄的，但是颜值很高，非常漂亮。

我们采用了高性能的64位处理器，内存和闪存比市场主流的配置高了4～8倍，可以存放更多资源。再介绍一下Wi-Fi，我们采用了目前全球顶级的Wi-Fi标准，在线播放更加流畅。我们的蓝牙也采用了新标准，夜里戴耳机看电视完全不会影响周围人的休息。

讲到这里，可能有些朋友会说，除了高配置、性能领先以外，它看起来也就是一个普通的电视。这真的只是一台普通的电视吗？告诉大家一个秘密，其实它还是一台“听话”的电视，不仅能听你说话，而且能听懂你说话，比过去的智能电视更聪明、更高端。从计算机被发明出来开始，科学家就梦想着有一天计算机能跟人自然地交流，但其实这比登月还难。小米为什么要挑战这么高难度的科技呢？在创业的初期，我们就有一个想法，要把高深难懂的科技化繁为简，融入价格厚道的产品中，让每个人都能享受科技的乐趣。

今天发布的新产品就体现了小米的这种文化，它是老人、小孩儿都会用的人工智能语音电视，摆在家里也非常漂亮。它有两大主要特色：第一是配置高，性能好；第二是采用了人工智能语音系统。

这样的电视，是什么样的价格呢？小米电视4A 65英寸人工智能语音版的定价是6199元。同时，我们还推出了一个标准版，便宜500块钱，5699元，价格非常有竞争力，它的配置已经高于现在的行业标准了。小米电视4A 43英寸的标准版只要2099元。这个系列的电视什么时候上市呢？我们将于3月23日早上10点全渠道开始发售，包括小米商城、小米之家、京东商城等。

我们的发布会就要结束了，我在这里想跟大家讲的是，小米公司不是一个追求销量的公司，小米追求的是做感动人心的产品，用厚道的价格卖给我们的用户朋友们，我们希望做用户心中很酷的公司。所以，这是我们小米电视团队给大家带来的很酷的智能语音电视。谢谢大家！

第四讲

一、课文 1 听前练习（二）

第一组：

1. 我们需要耽搁您 2 ～ 3 分钟的时间，请问您现在方便吗？

2. 因为路上堵车，耽搁了 10 分钟，所以老李开会迟到了。

第二组：

1. 公司是否在约定的时间内向您交付了车辆？

2. 据报道，空客公司去年向中国客户交付了 176 架新飞机。

第三组：

1. 您是否被提前告知交车将延迟，并重新约定交车时间？

2. 考虑到市场变化，产品上市日期将延迟至下个月。

二、课文 1

客服：您好！我是东方汽贸公司的客服，工号 8601，请问您是刘先生吗？

刘先生：我是。请问您有什么事？

客服：刘先生，您好！非常感谢您几天前选择我们为您进行爱车的维修和保养。今天给您打电话，主要是进行回访，了解您对我们公司服务的意见和建议。需要耽搁您 2 ～ 3 分钟的时间，请问您现在方便吗？

刘先生：可以，请说。

客服：谢谢！请问您到厂维修时是否有人及时主动地接待您？

刘先生：有的，服务顾问主动接待了我。

客服：在维修前，服务顾问是否为您估算了总体服务价格，并详细说明服务内容？

刘先生：是的，他帮我估算了一个大概的价格，不过好像并没有特别详细地进行说明。

客服：公司是否在约定的时间内向您交付了车辆？

刘先生：没有，比约定时间晚了一周才拿到车。

客服：您是否被提前告知交车将延迟，并重新约定交车时间？

刘先生：是的，服务顾问打电话通知我了，告诉我要推迟一周提车。

客服：维修保养时配件供应是否及时？

刘先生：不及时！就是因为配件没能及时供应，才造成了延迟交车。这给我的生活带来了很大的麻烦。

客服：对不起，给您造成了不便，真是不好意思。另外，结账时服务顾问是否向您清楚地解释了费用明细？

刘先生：嗯，服务顾问逐项解释了收费的原因。

客服：结账时，您所付费用是否和估价相一致？

刘先生：不太一致，实际支付的费用要高一些。

客服：当您提车时，服务顾问是否向您详细解释了所做的维修保养工作？

刘先生：他没有主动说，在我的要求下，他才大概给我说了一下。

客服：当您提车时，公司是否为您清洁了爱车？您对爱车的干净程度感到满意吗？

刘先生：洗了车。不过，车内的清洁工作做得不太好，并没有帮我清理烟灰缸。

客服：维修后，服务顾问是否向您提供了车辆的使用及保养建议？

刘先生：这个说了。

客服：您对我们公司服务场地、客户休息区的清洁程度和环境布置感到满意吗？

刘先生：我觉得还是不错的，挺干净的。

客服：您还有什么意见和建议吗？

刘先生：总的来说，还可以吧，就是希望下次能按约定的时间及时交车。另外，能否针对老顾客提供一些免费服务，比如免费洗车、免费检查等？

客服：好的，感谢您的配合，我会把您反馈的问题反映上去，希望下次我们能为您提供更加完善的服务！祝您生活愉快！再见！

三、课文2听前练习（二）

1. 首先要向您郑重道歉，另外，我们会尽快去核实您说的情况，如果情况属实，我们一定会给您一个满意的答复。
2. 主要原因在于我们公司对您公司的家具包装强度不够，导致部分家具在运输过程中出现了损毁。

3. 据我们调查，损毁的家具中有两件因轻微碰撞而变形，修理后不影响使用，我们负责维修。另外的五件家具损毁严重，无法恢复，我们将照价赔偿。

四、课文 2

客服：您好！欢迎致电仓海货运公司，工号 0886 为您服务，请问有什么可以帮您的？

李先生：喂，你好！我拨了十几分钟电话，终于打通了。你们的电话怎么这么难打？

客服：对不起，让您久等了，现在是电话高峰时段。请问，您贵姓？

李先生：我姓李。

客服：李先生，非常抱歉。请问有什么可以帮您的？

李先生：我要投诉。上个星期交给你们运输的一批家具被严重损毁。这批家具的总价值为 8 万元，损毁的家具价值高达 2 万元。你们这次是怎么回事？我跟你们公司合作两年多了，还没碰到过这种事情。

客服：李先生，实在抱歉。发生了这样的事情，首先要向您郑重道歉，另外，我们会尽快去核实您说的情况，如果情况属实，我们一定会给您一个满意的答复。

李先生：这次你们公司一定要赔偿我的损失。

客服：您放心，您是老客户，一定知道我们公司的信誉。我们查明情况后会及时回复您的。李先生，麻烦告诉我一下您的货运单号。

李先生：我的货运单号是 1901154913458。

客服：谢谢您提供的信息，我们一定会在三个工作日内给您回复。

（两天后）

李先生：喂，哪位呀？

王经理：李先生您好，我是仓海货运公司货运部的经理王宁。

李先生：哦，王经理，您好！

王经理：您上次投诉的事情，我们已经调查过了，确实是我们公司的责任。主要原因在于我们公司对您公司的家具包装强度不够，导致部分家具在运输过程中出现了损毁。请允许我代表公司向您道歉，实在是对不起。

李先生：嗯，那怎么解决呢？

王经理： 您看这样行不行？据我们调查，损毁的家具中有两件因轻微碰撞而变形，修理后不影响使用，我们负责维修。另外的五件家具损毁严重，无法恢复，我们将照价赔偿。

李先生： 嗯，好的，不过这严重浪费了我的时间。

王经理： 实在是对不起。这样吧，您是我们公司的老客户了，从今天起一年内您在我们公司交运货物，一律给您打九折。您觉得这样可以吗？

李先生： 好的，可以接受。谢谢你们公司的及时处理。

第五讲

一、课文 1 听前练习（二）

1. 危机爆发后，A 火锅店在第一时间就承认了媒体所曝光的情况都是事实，主动向消费者诚心诚意地道歉并承诺整改，从而获得了消费者的认可。
2. A 火锅店首先明确表明责任由公司董事会承担，两家涉事门店的职工无须恐慌；接着公布了在此次危机整改措施中，具体负责人的职位、姓名，甚至联系电话，让危机处理变得透明化。
3. 虽然后厨卫生事件对 A 火锅店产生了较大的影响，但其成功的危机公关也挽救了它在消费者心目中的形象。

二、课文 1

前几天有媒体曝光了 A 火锅店一家门店的厨房存在一系列的卫生问题，这使 A 火锅店良好的形象受到了极大的影响。企业爆出丑闻，一般会使其品牌及企业形象受损，但 A 火锅店似乎并没有受到太大影响，股票反而还上涨了。这得归功于 A 火锅店的危机管理手段。

首先，事件曝光后，A 火锅店的危机公关处理速度快得惊人。在危机爆发后大约 4 小时内，A 火锅店就发布了道歉声明，在发布声明后的 3 个小时内，又发布了 7 条处理措施，完全抓住了危机公关管理的“黄金时间”，控制了舆论的蔓延趋势，把控了话语权。“好事不出门，坏事行千里”，一般来说，为了阻止消息快速扩散，危机处理最好在危机爆发后的24小时内，也就是俗称的“黄金时间”。A火锅店也正好利用了这一点，在舆论蔓延之前占领了舆论高地。

其次，A火锅店在进行危机公关管理时，除了在时间上做到快速，还在问题处理的态度上做到了真诚。危机爆发后，A火锅店在第一时间就承认了媒体所曝光的情况都是事实，主动向消费者诚心诚意地道歉并承诺整改，从而获得了消费者的认可。

同时，对于危机发生之后责任人的认定，可以说，A火锅店采用的危机公关方案是相当有效的。A火锅店首先明确表明责任由公司董事会承担，两家涉事门店的职工无须恐慌，接着公布了在此次危机整改措施中，具体负责人的职位、姓名，甚至联系电话，让危机处理变得透明化。

另外，危机发生后A火锅店积极整改，同时聘请第三方虫害治理公司对下水道、屋顶等各个卫生死角进行排查和处理，消除了消费者对卫生监督问题的疑虑，从而恢复了消费者的信心。

危机公关的效果直接影响着企业的危机走向。虽然后厨卫生事件对A火锅店产生了较大的影响，但其成功的危机公关也挽救了它在消费者心目中的形象。A火锅店此次的危机公关在修复形象上可谓是及时有效的。

三、课文2听前练习（二）

第一组：

1. 一旦出现危机，大量的媒体，包括网络媒体，都会来采访。

2. 中美贸易战一旦开打，两国商品的成本、价格、流动都会发生变化。

第二组：

1. 你对这些媒体要有所回应，要通过这些媒体来回应广大公众关注的问题。

2. 丽华餐饮公司要求客服第一时间回应客户提出的问题。

第三组：

1. 处理跟媒体的关系实际上是我们在处理危机时非常重要的一个环节。

2. 要大力加强对互联网金融等薄弱环节的监管。

四、课文 2

主持人： 各位观众，晚上好！欢迎收看《商务时间》。今天我们邀请到了知名餐饮公司的首席企划官陆总和经济学院的郭教授来谈谈企业危机的处理。我们知道，在危机发生的时候，速度往往意味着真诚，意味着机会，但同时呢，速度往往也意味着风险。有些公司抓住了速度这个命脉，但同时也不自觉地把风险带进了家门。陆总负责企划和营销的公司近期发生了一起食品安全事故，公司在危机发生后很快声明自己的产品不含有某种人工色素，可是十多天之后，检测发现公司竟然有两种产品含有这种人工色素。陆总，你们是否会担心这样被动的局面会对公司品牌造成负面影响？

陆总： 我想这件事应该会在一定程度上影响消费者对我们的信心。消费者的信心一旦丧失或者降低了，是要花很长时间来弥补的，这个我们是非常清楚的。所以我们必须承认，的确是对我们的品牌有一定程度的影响。

主持人： 这个时候是不是有很多媒体来联系公司公关部？有没有统计过每天大概有多少？

陆总： 非常多。当时媒体的报道非常多，不管是电视、报纸，还是网络，可以说是铺天盖地。

主持人： 我想这也说明了传播的力量。那么，郭教授，您觉得在危机公关中，企业应该怎样跟传媒打交道？

郭教授： 处理危机，或者我们讲危机管理，它实际上有两个部分，一个部分是处理危机，另外一个部分是控制危机的传播。一旦出现危机，大量的媒体，包括网络媒体，都会来采访。这些媒体代表着消费者的利益，代表着社会舆论。你对这些媒体要有所回应，要通过这些媒体来回应广大公众关注的问题。所以，处理跟媒体的关系实际上是我们在处理危机时非常重要的一个环节。

主持人： 假设您现在负责处理这场危机，公司的公关部给您打电话说，每天有两三百位记者要采访我们，手机要打爆了，请您现在马上决策，您现在会做什么？

郭教授： 首先要统一口径，要有一个对外发言人。因为不可能让方方面面的人都去回应媒体，信息只有通过一个口径出去才能保持一致。第二，要保证跟媒体的沟通渠道畅通无阻，不能去回避它，或者说我现在没时间，我不来。如果人太多，可以通过新闻发布的形式进行沟通，我来发布信息，并且接受你的提问。

改写自《商务时间：肯德基的危“鸡”营销》

第六讲

一、课文 1 听前练习（二）

第一组：

1. 2016 年里约奥运会后，可口可乐的销量同比增长了四分之一。
2. 今年第一季度，我们的市场份额同比下降了两个百分点。

第二组：

1. 可口可乐借助奥运会的平台，成功地进行了一系列富有创意和影响力的营销活动。
2. 借助互联网快速发展的契机，公司成功打造了线上销售平台，增加了销售额。

第三组：

1. 通过与奥运会长期稳定的赞助关系，可口可乐成功地提升了品牌知名度和影响力，实现了商业利益和品牌建设的双赢。
2. 这个合作项目不仅促进了双方的技术交流，还实现了经济效益和社会效益的双赢。

二、课文 1

奥运会是一项体育盛事，但是对于各国的企业来说，奥运会也提供了一个全球性的商业机会。可口可乐赞助奥运会就是一个典型的成功案例。

1928 年阿姆斯特丹奥运会，可口可乐第一次成为国际奥委会的官方赞助商。自那时起，可口可乐就开始赞助奥运会，至今已有近百年的历史。这种长期稳定的赞助关系不仅为可口可乐带来了巨大的商业利益，也为其品牌发展注入了强大的动力。

首先，从商业利益的角度看，赞助奥运会为可口可乐带来了显著的销量增长。作为奥运会的顶级赞助商，可口可乐在奥运会期间得到了大量的曝光机会，无论是电视直播、现场广告还是媒体报道，都使可口可乐的品牌形象深入人心。据统计，在奥运会举办期间，可口可乐的销量通常会增长 20% 以上。1996 年亚特兰大奥运会后，可口可乐的盈利猛增

21%，达到 9.67 亿美元。2016 年里约奥运会后，可口可乐的销量同比增长了四分之一。

其次，从品牌建设的角度看，与奥运会的合作也使可口可乐的品牌形象建设取得了显著成效。可口可乐借助奥运会的平台，成功地进行了一系列富有创意和影响力的营销活动。例如，在亚特兰大奥运会上，可口可乐推出了“For the Fans”的营销主题，通过全球范围的奥运抽奖、赠品活动、圣火传递等方式，让消费者亲身感受到奥运的魅力和可口可乐的品牌精神。通过赞助奥运会，可口可乐成功地传递了乐观、积极、向上的品牌价值观，进一步巩固了其在消费者心中的品牌形象，也吸引了更多的潜在消费者。这种正面的品牌形象，不仅有助于提升品牌的市场竞争力，也有效提升了品牌的价值。在福布斯“全球品牌价值 100 强”中，可口可乐连续多年排名前十。

总的来说，可口可乐赞助奥运会是一个典型的体育营销成功案例。通过与奥运会长期稳定的赞助关系，可口可乐成功地提升了品牌知名度和影响力，实现了商业利益和品牌建设的双赢。

三、课文 2 听前练习（二）

1. 加多宝集团是一家大型专业饮料生产及销售企业，该公司生产的红罐凉茶采用上等本草材料配制，具有清热降火的功能。
2. 通过对《中国好声音》的冠名，加多宝红罐凉茶的销量在节目播出期间实现了大幅增长，加多宝的品牌形象及品牌知名度得到了极大的提升。
3. 加多宝当时选择斥巨资冠名《中国好声音》，正是因为节目的“正宗好声音”品牌理念与加多宝的“正宗好凉茶”相契合，冠名《中国好声音》可谓珠联璧合。

四、课文 2

《中国好声音》是浙江卫视从荷兰引进的真人秀节目 *The Voice of Holland* 的中文版。2012 年第一季播出后，其收视率基本保持在 3% 以上，成为当年最为火爆的电视节目之一。随着《中国好声音》的持续爆红，作为独家冠名赞助商的加多宝集团理所当然地成了大赢家。加多宝集团是一家大型专业饮料生产及销售企业，该公司生产的红罐凉茶采用上等本草材料配制，具有清热降火的功能。通过对《中国好声音》的冠名，加多宝红罐凉茶的销量在节目播出期间实现了大幅增长，加多宝的品牌形象及品牌知名度得到了极大的提升。那么加多宝赞助《中国好声音》成功的原因和经验有哪些呢？

首先，加多宝品牌和《中国好声音》存在以下三方面的重合。

第一，消费群体和观众群体重合。加多宝的消费群体主要是 20 ～ 40 岁之间的年轻人，而这一部分年轻人大多也是《中国好声音》的观众。

第二，产品的品牌文化和节目的文化底蕴重合。加多宝品牌宣扬的是中国凉茶的深厚文化、民族正宗情怀、社会正能量等，而《中国好声音》第一季播出时宣扬的文化是奋斗、拼搏及争取，二者文化价值存在重合。

第三，产品营销口碑和节目口碑的重合。加多宝一直以正宗凉茶作为产品宣传口号，这一口号已经深入人心。而《中国好声音》恰好要打造最正宗的音乐节目。加多宝当时选择斥巨资冠名《中国好声音》，正是因为节目的“正宗好声音”品牌理念与加多宝的“正宗好凉茶”相契合，冠名《中国好声音》可谓珠联璧合。

其次，加多宝的营销策略是多元化的。加多宝不仅仅依靠赞助电视节目这一单一的营销方式，还同时采用了活动营销、网络营销、社交营销等多种营销方式，实现了不同营销方式之间的配合。

第七讲

一、课文 1 听前练习（二）

第一组：

1. 我们的预算有限。如果买 B 款，能再便宜一点儿吗？
2. 对于预算有限的朋友，今天我推荐这三款性价比不错的机器。

第二组：

1. 我相信只要我们双方都有诚意，一定能达成共识。
2. 大家经过不断地开会沟通，最后终于达成了共识。

第三组：

1. 如果你们的产品好，还会培养他们对你们品牌的忠诚度。
2. 公司利用定制文化衫这一新兴的宣传方式，使品牌形象深入人心，提高了客户对品牌的忠诚度，并且吸引了更多的新粉丝。

二、课文 1

（背景：东方电脑公司根据某院校的情况向其推荐了两款产品，现在双方开始就价格进行谈判。）

李经理： 陈主任，您看 A 款电脑比 B 款要大一些，但价格也稍微贵点儿，你们想要哪一款？

陈主任： 单价呢？一台多少钱？

李经理： A 款的市价是 3098 元，B 款是 2798 元，你们买 100 台的话，我们可以打八五折，也就是 2633.3 元和 2378.3 元。

陈主任： 我们的预算有限。如果买 B 款，能再便宜一点儿吗？

李经理： 你们打算购买多少台？

陈主任： 80 台左右。

李经理： 80 台的话，B 款的价格已经很优惠了。如果量多一些，价格还可以商量。

陈主任： 选择贵公司，也是对你们的信任和支持，为表示诚意，那我们这次就买 100 台吧。你们能不能再降 5 个点？

李经理： 5 个点太多了，成本在那儿啊，我们从来没卖过这么低的价格。

陈主任： 相信你们也了解学校的财务制度，我们想多付也拿不出来啊。（倒茶）来，先尝尝我们的茶！我相信只要我们双方都有诚意，一定能达成共识。

李经理： 好茶啊，谢谢！可是陈主任，现在生意不好做，5 个点真的太多了。

陈主任： 您看我们这么大一个学校，跟我们合作，对你们的企业形象也会有很大的帮助嘛。

李经理： 那这样，我打个电话向领导请示一下。

陈主任： 好的，请便。

（五分钟后）

李经理： 久等了！领导说 5 个点可以接受，但是要一次付清。

陈主任： 可是我们没有能力一次付清啊，只能分期付款。

李经理： 分期付款可不行。我们不清楚你们的财务情况，加上这笔钱数目也不小，我们实在不敢冒这个风险。

陈主任： 那我就真没办法了，这么短的时间我们到哪儿去调钱呢，您不是故意为难我们吗？现在不都是先付一部分，以后再分期付剩余的吗？

李经理： 我们在价格上已经给了你们很多优惠了，所以你们应当一次付清。

陈主任： 可是，学校就只给了这么多，我们确实没办法一次付清。学校可是个大市场啊，大学生市场是电脑的主流市场之一。您想想看，这些学生进校不久都会选购电脑，我们用你们的电脑可是在给你们公司做免费广告啊，你们的销量一定会因此上涨。而且如果你们的产品好，还会培养他们对你们品牌的忠诚度。要是放弃了这块市场，将会是你们的一大损失。再说，我们是公办学校，信用您不用担心。

李经理： 嗯，您说得有道理。那就分期付款吧，首付是总货款的 50%。

陈主任： 好的，非常感谢！

三、课文 2 听前练习（二）

1. 开丽这几年的销售额在稳步上升，明年进入欧洲市场后，一定会有更大的发展。投资我们公司，绝对是明智的选择。你们投资 8000 万，我们出让 20% 的股份。
2. 我们调查了贵公司这个季度的销售数据，根据这个数据推算出了你们全年的总销售额，与贵方提供的数据相差 50%！
3. 我们把这个季度的数字作为一个最低值，考虑到节假日的上升因素，按 300% 算，计算出的结果还是不及贵方给的数字啊。

四、课文 2

（背景：天乐资本是一家风险投资公司。项目主管徐经理正在跟服装品牌“开丽”的王总洽谈投资事宜。）

王总： 开丽这几年的销售额在稳步上升，明年进入欧洲市场后，一定会有更大的发展。投资我们公司，绝对是明智的选择。你们投资 8000 万，我们出让 20% 的股份。

徐经理： 确实是这样的，王总。我们也比较看好你们开丽的市场前景，因此我们愿意投 8000 万，但是我们的要求是占股 30%。

王总：像我们开丽这样做了十多年的优质品牌，别的公司都争着给我们投资。我们是看在开丽和天乐资本多年交情的分儿上，才把机会留给你们，但是谈了一下午都没看到你们的诚意。既然如此，那就不必浪费大家的时间了。

徐经理：究竟是谁在浪费时间？

王总：徐经理，您这话什么意思？

徐经理：我们调查了贵公司这个季度的销售数据，根据这个数据推算出了你们全年的总销售额，与贵方提供的数据相差50%！

王总：我们的数据全是通过专业公司考核的。你们凭一个季度的数据能证明什么？再说，这个季度没什么节日，销售额低一些也是正常的。

徐经理：是的，我们也是这么想的。所以我们把这个季度的数字作为一个最低值，考虑到节假日的上升因素，按300%算，计算出的结果还是不及贵方给的数字啊。您再看看这个，这是您的供应商这个季度的出货明细。按照这个量，要对上王总您给的数据，恐怕一件T恤得卖1000块钱，一条裤子得卖2000块啊！

王总：徐经理，您到底什么意思？

徐经理：王总，真不是在为难您。不过，要我们投资，你们也得先提供准确的估值吧？您也知道，投资圈就这么大，如果有什么特别的情况，一夜之间大家可就都知道了。

王总：咱们不兜圈子，一句话，您到底想不想合作？

徐经理：都谈了一下午了，您说呢？

第八讲

一、课文1听前练习（二）

1. 我们公司对贵校的校服采购事宜很感兴趣，打算参加投标，有些问题想咨询一下。
2. 如果是服装生产厂家的授权经销商，就视同合格生产商，所以您可以参加这次投标。不过，必须在投标书中出具厂家正式的经销商授权书。
3. 我们欢迎实力强和信誉好的企业前来投标，你们可以将有关的材料和业绩证明放到投标书中。

二、课文 1

王刚：喂，您好，请问是海通第一小学的刘老师吗？

刘老师：是的。请问您是哪位？

王刚：我是卓伟服装公司的客户经理，我叫王刚。我们公司对贵校的校服采购事宜很感兴趣，打算参加投标，有些问题想咨询一下。

刘老师：欢迎来投标，您请问。

王刚：你们对投标人的资质有什么具体的要求？

刘老师：我们要求投标人必须是独立的公司法人，所以你们投标时要提供法人的“三证”复印件。

王刚：请问您说的“三证”指什么？

刘老师：“三证”就是我国公司法人必须拥有的营业执照、税务登记证和组织机构代码证。

王刚：贵校的招标文件中要求投标人是校服生产商，但我们不生产校服，而是校服专业厂商“艾迪”在咱们省的授权经销商。这符合你们的要求吗？

刘老师：我们在招标书第三页写了，如果是服装生产厂家的授权经销商，就视同合格生产商，所以您可以参加这次投标。不过，必须在投标书中出具厂家正式的经销商授权书。另外，我们欢迎实力强和信誉好的企业前来投标，你们可以将有关的材料和业绩证明放到投标书中。

王刚：好的。你们对投标报价有什么具体要求？

刘老师：请严格按照《招标书》中规定的报价格式填写，包括校服的单价、数量和总价，尤其要注明付款方式和交货时间。

王刚：你们对校服的品牌和质量有什么具体要求？

刘老师：我们要求产品至少是我们当地的知名品牌，比如你们经销的“艾迪”校服就是我们认可的品牌之一。另外，参与投标的企业近三年内应该有多家中小学校的采购订单。

王刚：我对我们以往的业绩和产品质量都很有信心，但有点儿担心其他人恶意低价竞争。请问这次是不是最低价中标呀？

刘老师：我们不会采取这种办法。除了价格以外，我们着重考察产品质量、投标人的实力与业绩、售后服务水平。评标时由评标小组逐项进行综合评分，得分最高者才是中标人。其实您刚才提的所有问题我们在《招标书》中都有详细的规定，您看了《招标书》就都明白了。欢迎您前来购买《招标书》。

王刚：好的。谢谢您耐心回答我的问题。我们一定以最积极的态度来参加这次投标！

刘老师：好啊，谢谢你们的参与和支持！再见！

三、课文 2 听前练习（二）

第一组：

1. 我的发言与我们递交的投标书是一致的，如有差异以我方投标书为准。
2. 华为官方回应称，关于美国市场的发展情况一切以官方消息为准。

第二组：

1. 我方代理的“艾迪”品牌是我省学生服装市场的知名品牌，在我省定制类服装市场中，市场份额稳居第一。
2. 我们公司凭借卓越的表现，稳居行业领先地位。

第三组：

1. “艾迪”品牌长期为五十多所中小学供应各式校服，获得了学校、家长和学生的好评与认可。
2. 凭借优质的产品和服务，我们公司获得了客户的一致好评。

四、课文 2

（在竞标现场，各位投标人依次上台，宣读了各自投标书中的重要内容。下面是其中一位投标人的投标方案与报价。）

各位领导、各位评委：

下面由我代表卓伟服装公司宣读我们的方案与报价。我的发言与我们递交的投标书是一致的，如有差异以我方投标书为准。

我方代理的“艾迪”品牌是我省学生服装市场的知名品牌，在我省定制类服装市场中，市场份额稳居第一，长期为五十多所中小学供应各式校服，获得了学校、家长和学生的好评与认可，是中小学校服的首选品牌。

请各位看屏幕，这是我们专门为本次投标设计制作的校服系列，分春夏款和秋冬款。校服采用了三种颜色：裤子与衣袖容易弄脏，所以采用深蓝色；前胸和后背醒目但不易弄脏，所以采用浅蓝色与白色。校服为运动服款式，采用拉链、四个口袋、平口裤脚设计。出于安全考虑，在衣袖的侧线条上增加了反光材料。这样的设计既展现了同学们青春亮丽的特点，又满足了他们安全与实用的使用要求。

在校服的面料、质量等方面，我们都采用了最严格的生产标准，详细情况请查阅我方的《投标书》。总之，我们这款校服的特点可以总结为美观、实用和安全。

下面宣读我们本次投标的主要商务条款：

1. 产品价格：春夏款单价为 100 元 / 套，秋冬款单价为 150 元 / 套。按照本次春夏款和秋冬款各 500 套的招标要求，我方本次投标总价为 12.5 万元整。

2. 付款方式：中标后，招标人向我方先行支付 30% 的预付款，交货前支付 60% 的货款，余下 10% 作为质量保证金，在交货后三个月内付清。

3. 交货期：在双方签订合同后的三个月内交至学校，运费由我方承担。

4. 售后服务：交货后三个月内如有任何质量问题，我方将无条件免费更换。交货后两年内，我方承诺将保持该校服的库存，供师生随时按照原价购买。

以上是我方本次投标的主要内容。感谢贵校的信任和支持！我们一定为学生提供最好的产品和服务，请给我们一个机会！

第九讲

一、课文 1 听前练习（二）

1. 广州立白集团在长期的经营管理实践中，把责任、关爱作为企业文化的核心，构建起和谐、健康的企业文化，使企业获得了长期、稳定的发展。
2. 集团负责人告诉记者，除了特殊技能人才会引进外，立白各种层次的人才主要通过内部培养产生，把机会留给自己的员工。
3. 特别是洗衣粉包装车间粉尘大，影响员工健康，对于这一业内老大难问题，立白花巨资重点处理，使车间达到无尘化，开了国内先河。

二、课文 1

各位观众，晚上好！今天的节目我们将带您走进位于广州的一家企业——立白集团，去看看他们的企业文化建设。请看前方记者发来的详细报道：

"企业关怀员工，员工成就企业"，广州立白集团在长期的经营管理实践中，把责任、关爱作为企业文化的核心，构建起和谐、健康的企业文化，使企业获得了长期、稳定的发展。

立白集团番禺生产基地有 1000 多名员工，90% 以上都是外来员工，平均年龄只有 24 岁左右。怎样让来自天南海北的员工形成一个强大的团队？立白集团的秘诀是什么呢？

广州立白集团的领导许晓东是这样说的："我们企业提出了'百年立白、百年客户、终身员工'这样的一个理念，就是希望员工能够在企业里面干到退休。这样的话呢，员工对企业有感情，企业对员工也有感情。"

在立白番禺生产基地，员工的流失率很低，这几年很多企业遭遇"招工难"，立白却几乎没有遇到。集团负责人告诉记者，除了特殊技能人才会引进外，立白各种层次的人才主要通过内部培养产生，把机会留给自己的员工。

立白（番禺）有限公司副总经理封伟豪表示："整个公司的文化和环境，我们觉得比较适应，这边的机会比较多，整个大环境，以及员工和员工之间的相处都比较和谐。"

好的企业文化离不开好的生产环境和生活环境，立白集团在这方面很舍得投入。立白番禺生产基地是一个现代化的工厂，仅洗衣粉年产量就达 27 万吨，但厂区却比较环保，废水、噪声、粉尘等都进行了全方位的处理。特别是洗衣粉包装车间粉尘大，影响员工健康，对于这一业内老大难问题，立白花巨资重点处理，使车间达到无尘化，开了国内先河。记者在厂区现场就看到，经过处理的废水中，一群金鱼游得正欢，而在洗衣粉包装车间里，绿色植物上一尘不染。企业发展了，员工得实惠，工作更积极，企业再发展，这是一个良性的互动。

三、课文 2 听前练习（二）

1. 除此之外，谷歌还会向去世员工的未成年子女提供抚恤金，每名未成年子女每个月可以领取1000美元，直到他们年满19岁或23岁开始工作时为止。

2.《福布斯》专栏作家评论说，此项福利显然过于超前，毫无疑问会加大谷歌的人力成本。不过，他也表示，这项福利有助于提升公司员工及其家人对谷歌的认同感和归属感，会大大提升员工对谷歌的忠实度。

3.有分析称，这项超级福利经传播后，将成为谷歌吸引全球人才的又一筹码。目前谷歌人力资源部门每年收到超过200万份简历，平均每分钟接到3.8份求职简历，这就是谷歌吸引力的体现。

四、课文2

全球有很多企业都非常重视员工的福利待遇，认为这是吸引人才、建设企业文化的重要方面。谷歌公司非常认同这一理念，为员工提供了丰富多样的福利，让他们快乐地度过人生的不同阶段。

据报道说，这家企业最近又将提供给员工的福利待遇提到了一个新高度：他们规定，员工去世后10年内，公司仍将继续向他们的家人发放薪水，只是标准降为在世时工资的一半。除此之外，谷歌还会向去世员工的未成年子女提供抚恤金，每名未成年子女每个月可以领取1000美元，直到他们年满19岁或23岁开始工作时为止。这项福利待遇不仅适用于谷歌的长期雇员，短期雇员也能享受到此项福利。

《福布斯》专栏作家评论说，此项福利显然过于超前，毫无疑问会加大谷歌的人力成本。不过，他也表示，这项福利有助于提升公司员工及其家人对谷歌的认同感和归属感，会大大提升员工对谷歌的忠实度。

谷歌公司人力资源主管接受采访时说："虽然这项福利会加大谷歌的支出，但能够为去世员工的家人带来抚慰和帮助。"他说，这项福利目前仅适用于谷歌在美国本土的员工，谷歌在海外的员工不享受此项福利。

目前谷歌已经向员工提供了令人羡慕的福利待遇，包括免费美食，现场洗衣、干洗、改衣服务，户外运动中心，邀请名人到访演讲等。谷歌的产假政策、退休储蓄计划也都非常慷慨、宽松。在某些办事处，员工甚至可以带宠物狗去上班。待遇之丰厚，鲜有公司能与之匹敌。

有分析称，这项超级福利经传播后，将成为谷歌吸引全球人才的又一筹码。目前谷歌人力资源部门每年收到超过200万份简历，平均每分钟接到3.8份求职简历，这就是谷歌吸引力的体现。正是有了这样的文化，谷歌才能在《财富》杂志评选的美国100家最佳雇主排行榜上三次排名第一。

（改写自《谷歌公司福利再攀新高　员工去世10年仍发薪水》，来源：中国经济网）

第十讲

一、课文1听前练习（二）

1. 他们在餐饮服务的细分市场中找到了蓝海，从一开始，食派士就瞄准了高端市场，与当地中高档西餐厅和部分中餐厅合作，将主要客户锁定为在中国工作生活的外籍人士，为他们提供订餐和送餐服务。
2. 首先，食派士严格筛选合作餐厅，每家进入食派士平台的餐厅都会经过层层筛选，在保证美味的同时也在最大程度上保障食品安全。
3. 从最开始的电话订餐到现在网站与App订餐的O2O模式，食派士已经成为高端外卖领域的领军品牌，赢得了上海、北京和苏州这些城市中外籍人士和高端顾客的信赖。

二、课文1

1999年，正在上海攻读MBA的美国人马克发现，很多像自己这样在上海工作生活的外国人，由于语言不通，外出吃饭并不容易，而且即使要在外面吃饭，也还是喜欢去外国人经营的酒吧、酒店或餐厅。因为同在异地他乡，所以马克十分能体会这些外国人的处境，同时也意识到这是一个待开发的市场，他萌生了做餐饮外卖服务的想法，希望通过各种途径，为在上海的外国人带去家乡的亲切感。他很快找到创业伙伴并创办了食派士送餐公司。他们在餐饮服务的细分市场中找到了蓝海，从一开始，食派士就瞄准了高端市场，与当地中高档西餐厅和部分中餐厅合作，将主要客户锁定为在中国工作生活的外籍人士，为他们提供订餐和送餐服务。

2005年食派士将送餐服务的范围从上海市区扩展至上海浦东、虹桥区域，2007年进入苏州，2012年正式进入北京。目前，食派士高端稳定用户数量达两万，业绩持续高速增长。

在市场份额逐步扩大的同时，食派士也一直致力于提升用户体验。

首先，食派士严格筛选合作餐厅，每家进入食派士平台的餐厅都会经过层层筛选，在保证美味的同时也在最大程度上保障食品安全。被选中的餐厅通常都是当地的热门餐厅，食物也覆盖了中餐、西餐等各种品类。因此很多客户选择通过食派士为各种聚会安排餐饮。

其次，食派士提供了地道的中英双语订餐服务，并有双语订餐说明，尽量满足所有用户的需求。

此外，与大多数外卖网站外包送餐员的做法不同，食派士的所有送餐员都是直接雇佣和培训的，从最大程度上保障送餐服务的品质及送餐员的安全。

而完善的客服中心也保证了用户的意见与建议能及时得到采纳，用户好感得以提升，也有助于公司根据客户反馈完善对送餐员的培训。

从最开始的电话订餐到现在网站与 App 订餐的 O2O 模式，食派士已经成为高端外卖领域的领军品牌，赢得了上海、北京和苏州这些城市中外籍人士和高端顾客的信赖。

三、课文 2 听前练习（二）

1. 我们的比萨平均 4.5 分钟出炉一个，跟行业内某知名品牌相比，整整快了 3 分钟。目前我们拥有 10 家店，年产值 1500 万。
2. 我们专注于甜和辣，因为我们要做的是全国乃至国际市场，而甜和辣这两个味型往往比咸和鲜更能够打通南北，跨越地域。
3. 我发现中国餐饮市场整体规模巨大，位居世界前列，但是连锁化程度却非常低，只有 0.7%，远远低于日本和欧美市场。这就意味着中国的餐饮业在连锁化的道路上还有非常大的成长空间。

四、课文 2

融资者：王总，您好。您是我们餐饮行业的知名投资人，久仰大名！今天我带来的项目叫“大师比萨”。我们的比萨平均 4.5 分钟出炉一个，跟行业内某知名品牌相比，整整快了 3 分钟。目前我们拥有 10 家店，年产值 1500 万，预计在未来 3 年内达到年产值 2 亿元，在未来 5 年内努力成为中国比萨业的领导品牌，并能参与到国际市场的竞争中去。今天来到这里，计划融资500万，出让8%的股份。请先尝尝我们这款在2017年上海大师赛中获得冠军的比萨。一般来说，甜比萨都是水果味的，我们希望利用云南的特色食材来打破这个传统认识。

投资人：味道绝妙！非常有新意。美味和创新往往很难融为一体，你们在这一点上却做得很棒。你们公司谁主管比萨产品的研发？

融资者：就是我。

投资人：你研发的配方是想冲击那些同质化的味道，对吗？

融资者：对。餐饮最终一定要回归到口味。我们专注于甜和辣，因为我们要做的是全国乃至国际市场，而甜和辣这两个味型往往比咸和鲜更能够打通南北，跨越地域。

投资人：比萨并不是中国的传统食品，为什么你会想到做比萨？

融资者：我发现中国餐饮市场整体规模巨大，位居世界前列，但是连锁化程度却非常低，只有0.7%，远远低于日本和欧美市场。这就意味着中国的餐饮业在连锁化的道路上还有非常大的成长空间，而比萨是非常适合做连锁项目的，而且它非常适合做分享，它的社交性要强于汉堡一类的东西。

投资人：你现在一个店一年销售额是150万，对不对？

融资者：其实还不止。我们早期的店只有三十几平方米，一个月的营业额是15万～16万；新开的店大一点儿，盈利水平也比之前的更高，业绩大概在25万～30万。

投资人：在昆明开一个你心目中的标准店，要多少钱？

融资者：60万～70万。

投资人：多长时间收回成本？

融资者：一年到一年半。

投资人：能介绍一下你的团队吗？

融资者：目前没有太专业化的团队，现在主要靠我个人的能力。

投资人：这是个问题。

融资者：您不要误会，我不想单打独斗。在找到合伙人之前，我们的项目已经上路，做比萨占用了太多精力，我没有太多时间去找合伙人，所以我们现在融资、开放，就是希望有更多的人才能参与进来。

投资人：你的产品很好，公司也成形了，我愿意投你。但是未来建设团队的过程当中还有无数的不确定性，还有大量工作要做，所以500万我要占股20%。我不仅做投资人，还可以做你的合伙人。

融资者：500万，20%？我想压个价。我认为一个创业者身上必须具备的领导力、决策力，包括好的身体，我都具备，所以我希望您能给我更多的信心，我的还价是15%。

投资人：16.66%怎么样？让"大师比萨"六六大顺。

融资者：没问题。

附录 2 词语表

A

阿姆斯特丹	Āmǔsītèdān		6

B

把控	bǎkòng	动	5
保养	bǎoyǎng	动	4
保障	bǎozhàng	动	10
保证金	bǎozhèngjīn	名	8
曝光	bào//guāng	动	5
报价	bào//jià	动	8
被动	bèidòng	形	5
本草	běncǎo	名	6
比肩	bǐjiān	动	1
变形	biàn//xíng	动	4

C

《财富》	《Cáifù》		9
财务	cáiwù	名	7
采纳	cǎinà	动	10
参与率	cānyùlǜ	名	2
差异化	chāyìhuà	动	1
茶饮	cháyǐn	名	2
查明	chámíng	动	4
阐述	chǎnshù	动	8
超薄	chāo báo		3
成本	chéngběn	名	3
成就	chéngjiù	动	9
成效	chéngxiào	名	6
成形	chéngxíng	动	10
诚意	chéngyì	名	7
承担	chéngdān	动	5
承诺	chéngnuò	动	5
斥	chì	动	6
重合	chónghé	动	6
筹码	chóumǎ	名	9
出让	chūràng	动	7
触达	chùdá	动	2
传媒	chuánméi	名	5
传音控股	Chuányīn Kònggǔ		1
创意	chuàngyì	名	6
措施	cuòshī	名	5

D

打造	dǎzào	动	2
大幅	dàfú	副	6
代理	dàilǐ	动	3
待机	dàijī	动	1
单打独斗	dāndǎ-dúdòu	成语	10
单价	dānjià	名	7
耽搁	dānge	动	4
导致	dǎozhì	动	4

到账	dào//zhàng	动	3
底蕴	dǐyùn	名	2
点击率	diǎnjīlǜ	名	2
定制	dìngzhì	动	8
董事会	dǒngshìhuì	名	5
兜圈子	dōu quānzi		7
多元化	duōyuánhuà	形	2

E

恶意	èyì	名	8

F

法人	fǎrén	名	8
反光材料	fǎnguāng cáiliào		8
反馈	fǎnkuì	动	4
方案	fāng'àn	名	1
费率	fèilǜ	名	3
分期付款	fēnqī fùkuǎn		7
粉尘	fěnchén	名	9
份额	fèn'é	名	1
丰厚	fēnghòu	形	9
风险	fēngxiǎn	名	3
抚慰	fǔwèi	动	9
抚恤金	fǔxùjīn	名	9
付清	fùqīng	动	7
负面	fùmiàn	形	5
覆盖	fùgài	动	1

G

高峰	gāofēng	名	4
高深	gāoshēn	形	3
工号	gōnghào	名	4
攻读	gōngdú	动	10
巩固	gǒnggù	动	6
共识	gòngshí	名	7
构建	gòujiàn	动	9
估价	gū//jià	动	4
估算	gūsuàn	动	4
估值	gū zhí		7
谷歌	Gǔgē		9
股份	gǔfèn	名	7
雇佣	gùyōng	动	10
雇员	gùyuán	名	9
雇主	gùzhǔ	名	9
冠名	guàn//míng	动	6
归功于	guīgōng yú		5
归属感	guīshǔgǎn	名	9
国货	guóhuò	名	2
国际奥委会	Guójì Àowěihuì		6

H

合伙人	héhuǒrén	名	10
和谐	héxié	形	9
核实	héshí	动	4
厚道	hòudao	形	3
互动型	hùdòngxíng		2
化繁为简	huà fán wéi jiǎn		3
环节	huánjié	名	5
黄金时段	huángjīn shíduàn		2

回访	huífǎng	动	4
回应	huíyìng	动	5
活期	huóqī	形	3
火爆	huǒbào	形	6
货运单	huòyùndān	名	4

J

季度	jìdù	名	7
继……之后	jì…zhīhòu		3
加多宝	Jiāduōbǎo		1
监督	jiāndū	动	5
检测	jiǎncè	动	5
交付	jiāofù	动	4
交运	jiāoyùn	动	4
借助	jièzhù	动	6
经销商	jīngxiāoshāng	名	8
竞标	jìng//biāo	动	8
竞争力	jìngzhēnglì	名	3
巨资	jùzī	名	1
决策	juécè	动	5
崛起	juéqǐ	动	2
均	jūn	副	1

K

开……先河	kāi…xiānhé		9
考核	kǎohé	动	7
可口可乐	Kěkǒu Kělè		6
口碑	kǒubēi	名	6
口径	kǒujìng	名	5
库存	kùcún	名	8
跨界营销	kuàjiè yíngxiāo		2
快闪店	kuàishǎndiàn	名	2

L

拉链	lāliàn	名	8
蓝海	lánhǎi	名	10
蓝牙	lányá	名	3
老大难	lǎo-dà-nán	形	9
累计	lěijì	动	2
李宁	Lǐ Níng		2
里约	Lǐyuē		6
理财产品	lǐcái chǎnpǐn		3
理念	lǐniàn	名	6
立白集团	Lìbái Jítuán		9
立白（番禺）有限公司	Lìbái (Pānyú) Yǒuxiàn Gōngsī		9
连锁	liánsuǒ	形	10
联名	liánmíng	动	2
劣势	lièshì	名	3
领军	lǐngjūn	动	10
领先	lǐngxiān	动	3
流畅	liúchàng	形	3
流失率	liúshīlǜ	名	9
六六大顺	liùliùdàshùn		10
路演	lùyǎn	名	10

M

蔓延	mànyán	动	5
魅力	mèilì	名	2
萌生	méngshēng	动	10

弥补	míbǔ	动	5
秘诀	mìjué	名	9
瞄准	miáo//zhǔn	动	10
明确	míngquè	动	1
明细	míngxì	形	4
命脉	mìngmài	名	5
目标人群	mùbiāo rénqún		1
目标受众	mùbiāo shòuzhòng		2

N

奈雪的茶	Nàixuě De Chá		2
内存	nèicún	名	3
年产值	niánchǎnzhí	名	10
年化收益率	niánhuà shōuyìlǜ		3

P

排名	pái//míng	动	6
番禺	Pānyú		9
赔偿	péicháng	动	4
配件	pèijiàn	名	4
配置	pèizhì	名	3
匹敌	pǐdí	动	9
平口	píng kǒu		8
评标	píngbiāo	动	8
铺天盖地	pūtiān-gàidì	成语	5

Q

旗舰	qíjiàn	名	3
旗下	qíxià	名	3
前景	qiánjǐng	名	7
潜在	qiánzài	形	6
强度	qiángdù	名	4
青睐	qīnglài	动	2
请便	qǐngbiàn	动	7
请示	qǐngshì	动	7
区域	qūyù	名	10
全方位	quánfāngwèi	名	9
全渠道	quánqúdào		3

R

认可	rènkě	动	5
认同	rèntóng	动	9
融入	róngrù	动	3
融为一体	róngwéiyìtǐ	成语	10
融资	róng//zī	动	10

S

色素	sèsù	名	5
筛选	shāixuǎn	动	10
闪存	shǎncún	名	3
上火	shàng//huǒ	动	1
涉事	shèshì	动	5
深入人心	shēnrù-rénxīn	成语	6
渗透率	shèntòulǜ	名	1
声明	shēngmíng	名	5
盛事	shèngshì	名	6
食派士	Shípàishì		10
市价	shìjià	名	7
视同	shìtóng	动	8
适时	shìshí	形	2

收视率	shōushìlǜ	名	6
首付	shǒufù	名	7
首选	shǒuxuǎn	动	8
授权	shòuquán	动	8
赎回	shúhuí	动	3
属实	shǔshí	动	4
树立	shùlì	动	2
数据	shùjù	名	2
双赢	shuāngyíng	动	6
税务登记证	shuìwù dēngjìzhèng		8
诉求	sùqiú	名	1
随存随取	suí cún suí qǔ		3
损毁	sǔnhuǐ	动	4
损失	sǔnshī	名	4
锁定	suǒdìng	动	2

T

谈判	tánpàn	动	7
提车	tí chē		4
提现	tíxiàn	动	3
同比	tóngbǐ	动	6
同质化	tóngzhìhuà	动	10
痛点	tòngdiǎn	名	1
投标	tóu//biāo	动	8
投标书	tóubiāoshū	名	8
投放	tóufàng	动	2
投诉	tóusù	动	4
投资	tóu//zī	动	7
投资者	tóuzīzhě	名	3
推算	tuīsuàn	动	7

W

外包	wàibāo	动	10
外籍	wàijí	名	10
完善	wánshàn	形	4
挽救	wǎnjiù	动	5
维修	wéixiū	动	4
稳步	wěnbù	副	7
稳固	wěngù	动	1
稳健	wěnjiàn	形	3
稳居	wěnjū	动	8
无添加	wú tiānjiā		2

X

吸睛	xījīng	动	2
鲜	xiǎn		9
限额	xiàn'é	名	3
相对于	xiāngduì yú		3
销量	xiāoliàng	名	1
销售额	xiāoshòu'é	名	7
小米	Xiǎomǐ		3
携手	xiéshǒu	动	2
新国潮	xīnguócháo		2
信赖	xìnlài	动	10
信誉	xìnyù	名	4
醒目	xǐngmù	形	8
性能	xìngnéng	名	3
修复	xiūfù	动	5
需求	xūqiú	名	1

Y

压价	yā//jià	动	10
亚特兰大	Yàtèlándà		6
延迟	yánchí	动	4
沿用	yányòng	动	1
研发	yánfā	动	10
颜值	yánzhí	名	3
业绩	yèjì	名	8
一旦	yídàn	副	5
疑虑	yílǜ	名	5
异地他乡	yìdì tāxiāng		10
意味着	yìwèizhe	动	5
因素	yīnsù	名	7
引进	yǐnjìn	动	6
盈利	yínglì	动	1
营业额	yíngyè'é	名	10
营业执照	yíngyè zhízhào		8
营造	yíngzào	动	2
舆论	yúlùn	名	5
预防	yùfáng	动	1
预付款	yùfùkuǎn	名	8
预算	yùsuàn	名	7
元素	yuánsù	名	2

Z

在线	zàixiàn	动	3
赞助	zànzhù	动	6
赞助商	zànzhùshāng	名	6
占股	zhàn gǔ		7
招标	zhāo//biāo	动	8
招标书	zhāobiāoshū	名	8
照价	zhào jià		4
针对性	zhēnduìxìng	名	1
整改	zhěnggǎi	动	5
整合	zhěnghé	动	2
正宗	zhèngzōng	形	6
指纹识别	zhǐwén shíbié		1
致电	zhì//diàn	动	4
致力于	zhìlì yú		10
中国好声音	Zhōngguó Hǎoshēngyīn		6
忠诚度	zhōngchéngdù	名	7
中标	zhòng//biāo	动	8
重度	zhòngdù	形	1
周转	zhōuzhuǎn	动	3
珠联璧合	zhūlián-bìhé	成语	6
逐项	zhúxiàng	副	4
主打	zhǔdǎ	动	1
主流	zhǔliú	名	3
专注	zhuānzhù	形	1
资金	zījīn	名	3
资质	zīzhì	名	8
组织机构代码证	zǔzhī jīgòu dàimǎzhèng		8
最低值	zuìdīzhí	名	7